W0403675

Dr. Angela Fetzner

Minimalismus - Loslassen, um zu leben

Qualität & Kompetenz
im Zeichen des Mörsers
von Ihrer Apothekerin

Dr. Angela Fetzner

Minimalismus - Loslassen, um zu leben

Von
Dr. Angela Fetzner

© 2016, 2017 Dr. Angela Raab geb. Fetzner
alle Rechte vorbehalten
1. Auflage 2016, 2017

Herstellung und Verlag:	Amazon Independently published
Umschlaggestaltung:	Michael Raab
Foto:	© Subbotina Anna fotolia.com
Buchsatz:	Michael Raab
Gesetzt in:	Palatino 11pt
	Calibri 11pt

ISBN-10: 1523931620
ISBN-13: 9781523931620

Inhaltsverzeichnis

Prolog

Liebe Leserin, lieber Leser!

Ich freue mich, dass Sie sich für das Thema Minimalismus interessieren. Da das Thema heute mehr Aufmerksamkeit erzielt als noch vor wenigen Jahren, haben Sie sicherlich schon davon gehört oder gelesen.

Minimalismus ist in aller Munde. Warum diese Lebenseinstellung heute so viele Menschen anzieht und begeistert, werden Sie verstehen, wenn Sie dieses Buch gelesen haben. Es geht vor allem darum, sich auf das Wesentliche zu konzentrieren, bewusster zu leben und im Leben aufzuräumen – sowohl in den eigenen vier Wänden als auch in der Psyche. Minimalismus beschränkt sich nicht nur darauf, wenig Geld auszugeben, sondern umfasst jeden Bereich Ihres Lebens, wenn Sie es zulassen. Ebenso können Sie aber erst mal nur mit einem Thema anfangen und sehen, wie Sie davon profitieren. Wenn Sie möchten, nehmen Sie danach andere Bereiche hinzu. Minimalismus ist eine persönliche Angelegenheit – genauso wie Ihr Leben. Gehen Sie den Weg, der Ihnen zusagt.

Dabei wünsche ich Ihnen viel Freude.

Herzlichst Ihre Apothekerin Dr. Angela Fetzner

Warum lohnt sich Minimalismus?

Bewusster leben durch Minimalismus

Wenn Sie sich zum ersten Mal mit dem Thema Minimalismus beschäftigen, denken Sie vielleicht: *„Ach du meine Güte, jetzt darf ich gar nichts mehr!"* Doch darum geht es bei diesem Lebensstil nicht, wie Sie bereits in der Einleitung erfahren haben.

Zwar ist es ein wichtiger Bestandteil, sich in seinen Ansprüchen zurückzunehmen, aber dadurch gewinnen Sie einige immense Vorteile, die sich positiv auf Ihr Leben auswirken.

Minimalistisch zu leben, kann bedeuten, dass Sie dadurch viel Geld sparen. Wenn Sie bisher ein Mensch waren, der hier und da beim Einkaufen oder beim Bummeln durch die Stadt sein Geld für unbedeutende Kleinigkeiten oder auch größere Anschaffungen ausgegeben hat, wird sich dies ändern. Sie werden Ihre Ansprüche zurückschrauben und sich vor jeder Ausgabe überlegen, ob Sie das Produkt wirklich brauchen. Ist es wirklich notwendig, im Schlussverkauf den fünften dunkelblauen Rollkragenpullover zu kaufen? Oder in der Drogerie drei Flaschen von der neuen Shampoo-Marke mitzunehmen, weil sie gerade im Angebot ist, Sie aber noch nicht einmal wissen, ob Sie den Geruch wirklich mögen?

Oder haben Sie bisher im Supermarkt gerne Lebensmittel im Sonderangebot in größeren Mengen gekauft? Sofern es sich nicht um Konserven handelt, haben Sie sicherlich das eine oder andere Mal die Erfahrung gemacht, dass Sie mit dem Essen nicht so schnell waren, wie die Lebensmittel abgelaufen sind … Letztendlich haben Sie dadurch Geld weggeworfen.

Es ist aber nicht garantiert, dass Sie durch Minimalismus automatisch mehr Geld auf dem Konto haben. Eine Alternative dazu, sich beim Shoppen mengenmäßig einzuschränken, besteht zum Beispiel darin, sich ab sofort auf eine bessere Qualität zu besinnen. Ein Beispiel: Fünf dunkelblaue Rollkragenpullover à 20 Euro ergeben zwar einen vollen Kleiderschrank, aber lohnt sich die Ausgabe? Zum einen kann das Material dieser günstigen Pullover nicht sonderlich hochwertig sein, wahrscheinlich sind sie aus Polyacryl hergestellt, einem künstlichen Garn. Zum anderen ist die Qualität bei diesen Preisen eher niedrig, so dass Sie sich schon bald nach einem Ersatz umsehen müssen. Die verschiedenen Punkte zusammen ergeben zudem einen niedrigen Tragekomfort.

Wäre es da nicht sinnvoller, sich nur einen Rollkragenpullover für 100 Euro zu gönnen, der eventuell einen Anteil an Kaschmir oder Seide enthält, sich dadurch hochwertig anfühlt und aussieht, sowie mehrere Jahre das Zeug zum Lieblingspullover hat? Wenn Sie den Unterschied solcher Qualitäten bisher nicht kennen, probieren Sie im Geschäft einmal entsprechende Kleidung an. Sie leben durch Minimalismus bewusster. Sobald Sie beim Einkaufen mehr Wert darauf legen, ob Sie etwas wirklich brauchen und die Qualität wertschätzen, greift dieser Gedanke auch in anderen Bereichen um sich. Sie fangen dann an, andere Sachen mehr wertzuschätzen und sich über Ihren Besitz wirklich zu freuen. Viele Minimalisten brauchen nicht viel, um glücklich zu sein: Ein ausgedehnter Spaziergang am Strand, ein Sonnenuntergang, warme Sonne auf der Haut oder ein gemütliches Abendessen reichen bereits aus. Natürlich hängt dies davon ab, inwieweit Sie sich auf das Experiment Minimalismus einlassen. Sie merken aber schnell, dass sich schon der erste Schritt lohnt.

Warum fällt Loslassen so schwer?

Warum fällt es vielen Menschen so schwer, loszulassen? Gerade beim Entrümpeln zuhause handelt es sich doch nur um Gegenstände, Kleidung, Möbel oder ähnliches. Rational betrachtet ist es nur das: Ein Pullover, ein Stuhl, ein Buch oder eine Video-Sammlung – nicht mehr und nicht weniger. Schwer fällt es uns, uns von diesen Dingen zu trennen, da wir damit Erinnerungen verbinden.

Vor allem, wenn es einschneidende Ereignisse in unserem Leben waren, fällt es oft schwer, sich davon zu trennen. Vielleicht erinnern Sie sich an Ihren ersten Kuss, den Heiratsantrag, einen tollen Abend mit Freunden, die ersten Schritte des Kindes oder eine besonders schöne Reise.

Möglich ist aber auch, dass mit solchen Gegenständen negative Ereignisse verbunden sind. Eventuell heben Sie noch immer die Hose auf, die jetzt nach der erfolgreichen Diät viel zu groß ist, aber als Mahnmal im Kleiderschrank hängt. Oder im Fotoalbum sind die Bilder vom schrecklichen Urlaub von vor fünf Jahren zu finden, als die Baustelle direkt vor dem Hotel rund um die Uhr einen Höllenlärm verursacht hatte und das Meer außerdem verdreckt war.

Aber im Kreise von Freunden kommt das Album immer wieder ans Tageslicht, die Bilder werden herumgezeigt und gemeinsam entsetzen Sie sich an deren Anblick.

Oder besitzen Sie noch Liebesbriefe eines Verflossenen, obwohl Sie froh sind, endlich die Trennung durchgezogen zu haben? Seien Sie beruhigt, denn Sie sind damit nicht allein.

Betrachten Sie das Loslassen einmal bildlich, so fällt Ihnen auf, dass Sie sich an etwas festhalten. Erinnerungen, Personen, Gegenstände – wenn Sie sich von Ihnen verabschieden würden, hätten Sie nichts mehr, woran Sie festhalten könnten.

Beobachten Sie bei sich, welche Gefühle in Ihnen aufsteigen, wenn Sie sich vorstellen, dass Sie sich von überflüssigen Sachen in Ihrem Zuhause trennen. Wie fühlt sich das an? Kommt Traurigkeit hoch, bekommen Sie Angst, fühlen Sie sich alleine oder werden sogar panisch?

Es macht keinen Sinn, diese Gefühle zu unterdrücken. Stattdessen sollten Sie diese zulassen und sich überlegen, warum Sie so sehr an dem Gegenstand hängen. Was verbinden Sie damit? Was bekommen Sie dadurch, was Sie auf andere Weise nicht bekommen können? Beobachten Sie, was passiert, wenn Sie die Gefühle zulassen und hinterfragen? Vielleicht merken Sie, dass sie dadurch nachlassen.

Es kann Ihnen außerdem helfen, wenn Sie versuchen, die Position eines neutralen Beobachters von außen einzunehmen. Stellen Sie sich vor, Sie sehen sich, mit einem alten Liebesbrief in der Hand, weinend oder zitternd und unfähig, sich von ihm zu trennen, obwohl der Angebetete schon lange keine Rolle mehr in Ihrem Leben spielt. Was würden Sie dann zu sich sagen?

Vergessen Sie außerdem nicht, dass Ihr Gedächtnis nicht gelöscht ist, nur weil Sie sich von Gegenständen trennen. Sofern es Erinnerungen sind, die Ihnen wirklich wichtig sind, werden sie auch weiterhin vorhanden sein und sich dann und wann in die Gegenwart einschleichen.

Handelt es sich aber um Erinnerungen, die Ihnen nicht gut tun und von denen Sie sich eigentlich schon längst hätten trennen sollen, waren diese bis jetzt nur noch in Ihrem Leben, weil Sie sich Fotos oder ähnliches angesehen haben. Sie haben die negativen Erinnerungen jedes Mal wieder hochgeholt, obwohl es Ihnen nicht gut tun. Seien Sie dann froh, dass Sie sie aus Ihrem Leben verbannen. Sicherlich gibt es immer wieder Situationen, in denen auch diese Erinnerungen erscheinen, aber die Wahrscheinlichkeit ist groß, dass sie längst nicht mehr so häufig auftreten wie bisher. Ein Grund zur Freude!

Zusammenfassend lässt sich sagen:

Wenn Sie sich von einem Gegenstand trennen, bleiben Ihre Erinnerungen trotzdem präsent – sofern Ihr Unterbewusstsein es für wichtig hält, dass Sie sich erinnern. Im anderen Fall können Sie beruhigt loslassen. Ihr Unterbewusstsein weiß am besten, was gut für Sie ist.

Das Zuhause entrümpeln

Großartig, Sie haben den Entschluss gefasst, minimalistischer zu leben und in Ihrem Haushalt den ersten Schritt zu gehen. Also muss zuerst ordentlich entrümpelt werden! Wenn Sie sich aber einmal umsehen und von Raum zu Raum gehen, Keller und Dachboden anblicken, wird Ihnen regelrecht übel, Sie fühlen sich überfordert und wissen nicht, wie Sie die viele Arbeit bewältigen sollen? Kein Problem!

Dann ist es wichtig, dass Sie Schritt für Schritt gehen. Auch wenn es nur kleine Schritte sind, kommen Sie dadurch letztendlich an Ihrem Ziel an.

Setzen Sie sich nicht unter Druck, dass Sie die komplette Wohnung am nächsten freien Wochenende entrümpeln müssen. Natürlich wäre das praktisch, in den meisten Fällen ist es aber nicht realisierbar und Sie geben frustriert auf. Stattdessen sollten Sie sich Etappenziele setzen und Zimmer für Zimmer durcharbeiten. Je nachdem, wie viele Schränke, Kleider und Dekomaterial Sie besitzen, kann es sogar sinnvoll sein, dass Sie ein Zimmer in weitere Bereiche unterteilen.

Wichtig ist immer, dass Sie sich nicht überfordern! Gehen Sie in Ihrem Tempo. Achten Sie aber darauf, dass Sie anfangen, die ersten Schritte gehen und sich tatsächlich trennen. Wenn Sie wissen, dass Ihnen das schwer fällt, kann es sich lohnen, einen guten Freund zur Hilfe zu holen. Er kann Sie auf den Boden der Tatsachen zurückholen, wenn Sie es nicht schaffen, etwas wegzugeben. Sie müssen sich außerdem nicht immer sofort entscheiden, was Sie weggeben wollen und was bleiben soll. Bei einigen Gegenständen kommen Sie vielleicht ins Grübeln und sind unsicher.

Machen Sie es dann, wie folgt: Bilden Sie drei Stapel

Auf dem **ersten** Stapel landen Sachen, von denen Sie sich leicht trennen können. Hier ist klar, dass Sie diese Dinge nie wieder ansehen oder benutzen wollen. Fast wundern Sie sich, warum Sie überhaupt immer noch im Besitz dessen sind. Der **zweite** Stapel ist der *„Ich bin unsicher"*-Stapel. Hier können Sie einen großen Umzugskarton nehmen und alles hineinlegen, von dem Sie nicht sicher sind, ob Sie sich wirklich trennen möchten. Der Trick: Dieser Karton wandert für die nächsten sechs Monate in den Keller oder auf den Dachboden. Seien Sie sich sicher: Wenn Sie in einem halben Jahr nicht das Bedürfnis hatten, den Karton zu öffnen und einen Gegenstand zu benutzen, werden Sie es auch in der nächsten Zeit nicht machen. Nach einem halben Jahr ist es also an der Zeit, endgültig Abschied zu nehmen – diesmal wird es Ihnen wesentlich leichter fallen, weil Sie jetzt wissen, dass Sie die Sachen nicht mehr brauchen. Auf dem **dritten** Stapel landen schließlich die Gegenstände und Kleidung, die Sie noch behalten wollen. Achten Sie aber auf jeden Fall darauf, dass dieser Haufen nicht der größte ist. Es geht darum, einen minimalistischeren Lebensstil zu führen und sich im Loslassen zu üben. Indem Sie alles oder zumindest das meiste behalten, schaffen Sie das nicht.

Die Küche entrümpeln

Sie wundern sich wahrscheinlich, was in der Küche so alles zusammenkommt, von dem Sie sich trennen können. Seien Sie hier großzügig beim Entsorgen! In vielen Fällen handelt es sich lediglich um Gebrauchsgegenstände und nicht um Produkte, zu denen Sie eine emotionale Bindung haben.

Haben Sie eine Krims-Krams-Schublade? In vielen Küchen ist sie vorhanden und dort landet alles, was in anderen Schubladen vorerst keinen Platz hat. Die Wahrscheinlichkeit ist groß, dass dort immer mehr einsortiert wird, aber letztendlich kaum etwas in regelmäßiger Nutzung ist.

Holen Sie die komplette Schublade aus dem Schrank und stülpen Sie sie auf dem Küchentisch aus! Keine Angst, im Normalfall können Sie hier kaum etwas kaputt machen, weil sich wertvolle Gegenstände an anderen Orten befinden. Sicherlich fallen Ihnen sofort ein paar Sachen auf, die sofort in den Müll wandern können. Zögern Sie nicht, sondern machen Sie diesen Schritt sofort.

Denken Sie bei dieser Schublade vor allem daran, dass sie nicht umsonst so voll geworden ist. Sie wollten die Gegenstände nicht wegwerfen und haben Sie in Ihrer Not dort geparkt. Wie oft wurden die Sachen in den letzten Monaten benutzt?

Das ist die wichtigste Überlegung, der Sie sich stellen sollten.

Wenn Sie diese Schublade aussortiert haben, kommen die restlichen Schubladen dran. Auch in der Besteckschublade gibt es häufig einige Sachen, von denen Sie sich trennen können. Natürlich ist es in einem 2-Personen-Haushalt, in dem viel Tee oder Kaffee getrunken wird, hilfreich, wenn es 20 Teelöffel gibt. Aber müssen es wirklich 5 Tortenheber, vier Korkenzieher oder drei Flaschenöffner sein? Auch zehn Tomatenmesser sind in den meisten Haushalten überflüssig. Letztendlich nehmen sie nur Platz weg und kommen nicht zum Einsatz. Trennen Sie sich beispielsweise zuerst von der Hälfte und überlegen Sie in einem halben Jahr erneut, ob eine weitere Reduktion möglich ist.

Beliebt ist es außerdem, Küchengeräte auf dem Küchenschrank zu lagern. Oder Dosen zum Einfrieren und Aufbewahren nach hinten in den Schrank zu schieben. Da sie nie zum Einsatz kommen, stören sie dort wenigstens nicht, wenn die wichtigen Töpfe und Teller herauszunehmen sind.

Die nächste Aufgabe ist also, die wichtigen Utensilien, die vorne stehen, herauszunehmen und zu erkunden, was sich in den Tiefen des Schranks verbirgt. Wer dort zehn Dosen zum Einfrieren in unterschiedlichen Größen findet, sollte sich fragen, wann er tatsächlich zum letzten Mal damit etwas eingefroren hat. Und muss wirklich jede erdenkliche Größe in doppelter Ausführung vorhanden sein? Oder reicht es, sich auf kleine, mittlere und große Dosen zu beschränken?

Auch hier gilt es, den individuellen Bedarf möglichst neutral einzuschätzen. Wer nicht gerne kocht, braucht diese Dosen genauso wenig wie jemand ohne Gefriertruhe. Wenn Sie jedoch zu den Personen gehören, die gerne in großen Mengen vorkochen und den Vorrat einfrieren, sieht die Situation natürlich anders aus. Seien Sie daher ehrlich zu sich selbst. Im Zweifelsfall hilft es auch hier, den Partner oder einen Freund um Rat zu fragen.

Im Wohnzimmer aufräumen

Im Wohnzimmer gibt es ebenfalls einige Punkte, die für Ihre Entrümpelungsaktion strategisch besonders wichtig sind:

- Vitrinen
- Kommoden
- Schrankwände

Je nachdem, wie Sie eingerichtet sind, kann das Wohnzimmer einen großen Teil der Zeit in Anspruch nehmen. In Schränken und Kommoden gibt es sehr viel Platz, in dem sich Gegenstände lagern lassen, die Sie schon seit Jahrzehnten aus den Augen verloren haben.

Besonders Vitrinen und die Ablageflächen von Kommoden sind außerdem beliebte Orte, um sie mit allerlei Dekorationsartikeln zu verzieren. Da Sie sich dafür interessieren, einen minimalistischen Lebensstil zu führen, ist es ratsam, auch dort klar Schiff zu machen. Es spricht nichts dagegen, mit ein paar wenigen Dekoartikeln für Gemütlichkeit zu sorgen. Nimmt die Auswahl aber Überhand, fällt der Blick nicht mehr auf das Möbelstück, sondern sofort auf die Deko. In Räumen, die mit vielen kleinen Gegenständen überfrachtet sind, fällt es außerdem schwer, zur Ruhe zu kommen.

Gönnen Sie sich und Ihren Augen ein bisschen Entspannung und nehmen Sie sich einen Schrank nach dem anderen vor. Gehen Sie dabei so vor wie in der Küche und legen Sie drei Stapel an – so fühlen Sie sich nicht überfordert und es fällt Ihnen leichter, sich zu trennen.

Im Schlafzimmer ausmisten

In den meisten Schlafzimmern befindet sich der Kleiderschrank – ein hervorragender Platz, um sich im Loslassen zu üben. Besonders bei Frauen sammelt sich im Laufe der Zeit hier viel Kleidung an. Oft wird dies mit der Ausrede begründet, dass die schöne Bluse oder der hübsche Mantel zwar im Moment nicht modern sind, aber die Mode ändert sich garantiert wieder! Oder die Figur hat sich im Laufe der Jahre verändert und die Jeans passt nicht mehr. Schließlich besteht die Möglichkeit, dass die Pfunde irgendwann wieder verschwinden und es daher zu schade wäre, sich von ihr zu trennen. Aber wenn Sie ehrlich sind, wissen Sie genau, dass diese Möglichkeiten eher nicht eintreten. Oder es dauert noch ein paar Jahre und bis dahin gefällt Ihnen das gute Stück einfach nicht mehr. Was also tun? Inspizieren Sie Ihren Kleiderschrank! Neben den üblichen drei Stapeln gibt es beim Ausmisten des Kleiderschranks noch einen Unterschied.

Es ist ratsam, dass Sie sich auf jeden Fall eine Freundin oder einen Freund zur Seite stellen, der hilft. Er sollte Modeverstand besitzen und ehrlich zu Ihnen sein. Wenn Sie so jemanden nicht kennen, finden Sie im Internet Stilberaterinnen. Heute ist es nicht mehr unbedingt notwendig, dass eine Beraterin nach Hause kommt. Über Skype können Sie sich verbinden und sich von Angesicht zu Angesicht unterhalten.

Den Stapel, auf dem Sie die Kleidung aussortieren, die Sie nicht mehr tragen können, behandeln Sie wie gehabt. Einen Unterschied gibt es aber bei der Kleidung, bei der Sie sich unsicher sind und die Sie auf jeden Fall behalten wollen.

Ziehen Sie jedes Stück an und schauen Sie, ob es Ihnen noch passt. Im Laufe der Jahre ist es nur natürlich, dass sich der Körper langsam verändert. Einige Rundungen nehmen zu, andere nehmen ab. Auch wenn sich auf der Waage nicht viel geändert hat, ist es möglich, dass das Stück nicht mehr sitzt.

Wie groß ist die Wahrscheinlichkeit, dass Sie in der nächsten Zeit eine Diät anfangen oder beginnen, mehr Sport zu treiben? Seien Sie ehrlich zu sich und entscheiden dann, auf welchem Stapel das Kleidungsstück landet. Abgesehen von der Passform spielt das Tragegefühl eine wichtige Rolle. Haben Sie sich vor fünf Jahren noch in Kapuzenpullovern wohlgefühlt, haben Sie sich mittlerweile eventuell weiterentwickelt und die Persönlichkeit hat sich geändert. Es ist dann möglich, dass Sie die einst geliebten Pullover nicht mehr mögen. Sie passen jetzt einfach nicht mehr zu Ihnen.

Probieren Sie die Kleidung, die die Musterung der Passform überstanden hat, nun erneut an, und lassen Sie sie wirken. Fühlen Sie sich darin wohl? Würden Sie darin Bäume ausreißen oder möchten Sie sich lieber nicht in der Öffentlichkeit damit zeigen? Einen Berater ziehen Sie schließlich im letzten Schritt zur Rate.

Auf dem Stapel liegen nun nur noch Kleidungsstücke, die Ihnen passen und in denen Sie sich wohl fühlen. Aber stehen diese Ihnen auch? Wenn Sie einen Pullover oder eine Hose mögen und sich in ihr wohlfühlen, ist die Wahrscheinlichkeit groß, dass Sie schummeln. Auch wenn gewisse Problemzonen unvorteilhaft hervorgehoben werden, die Farbe blass macht oder der Schnitt schlicht aus der Mode geraten ist, finden wir uns beim Blick in den Spiegel immer noch wunderschön. Hier kommt das Auge des Freundes oder der professionellen Stilberaterin zum Einsatz. Dank des Modeverstandes und seiner Fähigkeit, Ihnen seine ehrliche Meinung mitzuteilen, erfahren Sie jetzt, wovon Sie sich endgültig trennen sollten. Hören Sie auf diese Meinung! Ihr Gegenüber will Ihnen nichts Böses, sondern möchte nur, dass Sie gut aussehen.

Wenn Sie sich von Kleidung trennen, heißt das nicht, dass Sie sich keine neue mehr kaufen dürfen. Gehen Sie im Sinne des minimalistischen Lebensstils lediglich bewusster bei der Auswahl vor und achten Sie darauf, nicht alles sofort zu kaufen. Weniger ist oft mehr.

Ordnung im Arbeitszimmer

Das Arbeitszimmer auszumisten, ist oft mit etwas mehr Akribie verbunden. Im ersten Schritt können Sie sich aber die Bereiche vornehmen, die sich schneller erledigen lassen. Dazu gehört als erstes: Den Papierkorb leeren. Mit einem leeren Papierkorb lässt es sich wesentlich leichter aufräumen. Was befindet sich auf dem Schreibtisch? Überlegen Sie sich genau, was Sie davon häufig brauchen und sortieren Sie den Rest ein.

Aufwändig ist es im Arbeitszimmer deshalb, weil Sie einige Papiere nicht einfach wegwerfen dürfen. Personen, die geschäftlich zuhause arbeiten, müssen bei ihren Unterlagen besonders vorsichtig sein. Ein Rückruf beim Steuerberater ist sinnvoll, um nicht durch voreilige Handlungen bei der Steuererklärung in Schwierigkeiten zu geraten.

Wenn Sie eine große Sammlung Fachbücher besitzen, sollten Sie gelegentlich überprüfen, ob diese noch aktuell sind. In bestimmten Fachbereichen gibt es laufend neue Erkenntnisse, so dass es notwendig sein mag, sich von einigen Büchern zu trennen. Wer dort nur gelegentlich im privaten Umfeld nachschlagen will, muss nicht so konsequent vorgehen, im beruflichen Umfeld ist ein striktes Vorgehen aber empfehlenswert.

Wie viele private Gegenstände befinden sich außerdem im Arbeitszimmer? Dieses Zimmer ist dazu da, dass Sie dort wichtige Büroarbeiten erledigen, dass Sie sich dort gut konzentrieren und fokussieren können. Je weniger Ablenkung Sie dort bekommen, desto besser klappt das.

Sauberkeit im Badezimmer

Das Badezimmer ist bei vielen Frauen genauso wie der Kleiderschrank ein Ort, an dem Loslassen schwerfällt. Vor allem Kosmetikartikel häufen sich hier und bringen so manchen Mann zur Verzweiflung. Besonders bei Kosmetik ist aber das Verbrauchsdatum ein wichtiger Anhaltspunkt, ob Sie diese noch benutzen dürfen oder sich besser davon trennen. Nehmen Sie sich Ihre Kosmetikprodukte zur Hand und sortieren Sie die abgelaufenen aus. Auf den meisten Produkten befindet sich der kleine Druck eines geöffneten Tiegels plus die Angabe in Monaten. Steht dort 6 M, bedeutet das, dass die geöffnete Kosmetik innerhalb von sechs Monaten aufzubrauchen ist. Um diesen Zeitraum einzuhalten, ist es sinnvoll, dass Sie sich mit einem wasserfesten Stift den entsprechenden Monat der Öffnung des Produkts auf der Verpackung notieren. Um die Haut oder Schleimhäute nicht zu irritieren und um Entzündungen zu vermeiden, sollten Sie abgelaufene Kosmetik auf jeden Fall entsorgen.

Letztendlich lassen sich allgemein gültige Haltbarkeitsdaten nur schwer vorhersagen, da es immer auf die individuelle Zusammensetzung des Produktes ankommt. Ein Blick auf die Verpackung hilft hier. Als groben Maßstab kann man festhalten, dass Kosmetik für empfindliche oder irritierte Haut im Allgemeinen nicht lange haltbar ist, da hier möglichst auf Konservierungsmittel verzichtet wird. Ganz klappt das nicht immer, aber die Menge ist möglichst gering, um die Haut zu schonen.

Cremes sind häufig nicht länger als ein Jahr haltbar. Vor allem Produkte in einem Tiegel laufen unter Umständen früher ab, weil der ständige Kontakt mit den Fingern zu einer schnelleren Verunreinigung führen kann. Das Benutzen eines Spatels oder Ausweichen auf eine Tube hilft, den Prozess aufzuhalten.

Ein untrügliches Zeichen, dass Cremes oder Lotionen nicht mehr benutzbar sind, ist die Trennung von Öl und Wasser.

Benutzen Sie beispielsweise Sonnencreme nur während des Familienurlaubs im Süden, überprüfen Sie die Konsistenz bereits zuhause. Vor allem, wenn Sie eine neue Flasche im Urlaub angebrochen haben, kann die dortige Hitze dazu führen, dass die Sonnencreme „kippt".

Seien Sie besonders vorsichtig bei allen Kosmetika, die Sie rund ums Auge verwenden. Mascara und Eyeliner trocknen nach einigen Monaten aus und sind dann wegzuwerfen. Lidschatten und Puder hingegen halten häufig mehrere Jahre, aber auch hier kommt es auf die individuelle Zusammensetzung an. Sobald es aber einmal zu einer Entzündung am Auge gekommen ist, sind alle Produkte auszutauschen. Die Gefahr ist sonst groß, dass sich Bakterien am Produkt befinden und es bei einer erneuten Benutzung wiederholt zu einer Entzündung kommt.

Entrümpeln auf Dachboden und im Keller

Auf dem Dachboden oder im Keller auszumisten, stellt eine besondere Herausforderung dar. Hier haben Sie wahrscheinlich in den vergangenen Jahren alles abgestellt, was Sie eigentlich nicht mehr brauchen, aber wovon Sie sich nicht sofort trennen konnten – abgesehen natürlich von Werkzeugen, Geräten für den Garten oder ähnlichem.

Genauso sollten Sie die meisten Sachen sehen, die sich in Abstellräumen finden: Sie brauchen diese nicht mehr.

Zum einen sind diese Dinge schon seit Monaten oder Jahren nicht mehr in Ihrem Sichtfeld. Öffnen Sie etwa einmal einen der vielen Kartons? Haben Sie an die Sachen gedacht oder wundern Sie sich eher darüber, was Sie dort alles finden?

Zum anderen haben Sie in Kauf genommen, dass die Gegenstände im Keller oder auf dem Dachboden Schaden nehmen. Vor allem in älteren Häusern ist die Luftfeuchtigkeit dort höher als in den anderen Etagen, im Keller ist es kälter, auf dem Dachboden im Sommer wärmer. Unter Umständen gibt es Mäuse oder Spinnen, die sich in den Kartons oder Schränken verkriechen. Und das alles muten Sie den Sachen zu, von denen Sie sich jetzt nicht trennen wollen? Denken Sie genau darüber nach, welche Gegensätze zwischen Ihrem Handeln und den Gedanken herrschen.

Hier finden Sie in einem halben Jahr außerdem die Kartons wieder, in denen Sie die Sachen zwischengeparkt haben, die bei Ihrer Ausmistaktion auf dem *„Vielleicht"*-Stapel gelandet sind. Haben Sie etwas davon vermisst? Wenn alles gut gelaufen ist, haben Sie gemerkt, dass die Gegenstände Ihnen doch nicht so am Herzen liegen wie zunächst angenommen.

Und wohin damit?

Keine Angst, viele der Sachen, von denen Sie sich trennen wollen, sind wahrscheinlich noch in einem so guten Zustand, dass andere Menschen sie benutzen können. Es wäre daher zu schade, sie einfach wegzuwerfen. Da Verschwendung im Minimalismus keine Rolle spielt, können Sie dafür sorgen, dass die Gegenstände wieder in den ökonomischen Kreislauf gelangen.

Kleidung geben Sie je nach Zustand in die Altkleidersammlung, ins soziale Kaufhaus oder in den Second-Hand-Shop.

Möbel nimmt ein soziales Kaufhaus ebenfalls gerne an. Oft haben Sie dann sogar den Vorteil, dass die Betreiber die Möbel kostenlos von zuhause abholen.

Seien Sie kreativ und überlegen sich, wo Bücher, Spielzeug und Kuscheltiere benötigt werden. Gibt es in Ihrem Ort ein Obdachlosenheim, ein Frauenhaus oder ein Kinderheim? Fragen Sie dort nach, ob Bedarf besteht.

Natürlich kann es ebenso sein, dass Sie sich von Wertvollem trennen wollen. Ein Antiquitätenhändler, der Pfandleiher oder ein Goldschmied wären hier sinnvolle Ansprechpartner. Haben Sie viele kleine Gegenstände und niemanden, der Ihnen die Sachen abnehmen möchte, verkaufen Sie diese doch einfach auf einem Flohmarkt. In nahezu jeder Stadt gibt es regelmäßig Flohmärkte, auf denen Sie sich für eine Standgebühr einen Platz mieten und Ihre Bücher, Dekoartikel und Kleidung anbieten können. Wenn Sie sich gerne mit Menschen unterhalten und dem Handeln gegenüber nicht abgeneigt sind, haben Sie an einem Flohmarkttag garantiert viel Spaß. Außerdem können Sie sich durch den Verkauf etwas Schönes gönnen.

Die Sachen, die sich tatsächlich in einem schlechten Zustand befinden, entsorgen Sie über den Sperrmüll.

Richtig aufräumen

Den ersten Schritt zu einem minimalistischen Haushalt haben Sie schon gemacht: Sie haben sich von verschiedenen Sachen getrennt, zu denen Sie schon lange keine Verbindung mehr hatten, deren Wert für Sie nicht wichtig war oder die Sie sogar belastet haben. Das ist sehr wichtig gewesen und Sie merken sicherlich, dass Sie sich freier fühlen.

Indem sich im Haushalt weniger Gegenstände befinden, fällt es zumindest theoretisch leichter, den Haushalt sauber zu halten. Das fällt aber nicht jedem Menschen gleich leicht. Vielleicht gehören Sie zu den Menschen, die mit Ordnung eher auf dem Kriegsfuß stehen. Wenn Sie trotzdem gerne in einem aufgeräumten Umfeld wohnen möchten, gibt es zwei Tricks, die es Ihnen leichter machen, Ordnung zu halten.

Trick #1

Bei einem minimalistischen Lebensstil ist es sinnvoll, möglichst viel mit möglichst wenig Anstrengung zu erreichen. Genauso sollten Sie es beim Aufräumen halten, wenn dies nicht zu Ihren Lieblingsbeschäftigungen zählt. Anstatt also einmal pro Woche zum Großputz zu rufen, wählen Sie kleine Einheiten. Bei einem Großputz, bei dem Sie sich jedes Zimmer vornehmen, saugen, wischen und einräumen, vergeht Ihnen unter Umständen schnell die Lust, es bleiben einige Aufgaben liegen und im Laufe der Zeit wird es eher unordentlich, als dass Sie sich über einen aufgeräumten Haushalt freuen können. Gehen Sie also geschickter vor und halten Sie Ihre Motivation beim Aufräumen hoch. Anstatt am Wochenende Stunden damit zu verbringen, stellen Sie sich jeden Tag eine Eieruhr auf zehn Minuten und legen dann in einem Zimmer los. Arbeiten Sie konzentriert und zügig und Sie werden sehen, wie viel Sie in dieser kurzen Zeit schaffen! Wohnen Sie in einer 3- oder 4-Zimmer-Wohnung, erfährt jedes Zimmer fast zweimal pro Woche diese Behandlung. Da zehn Minuten nur eine kurze Zeit sind, ersparen Sie sich den Frust, der bei längeren Aktionen schnell entsteht.

Probieren Sie es doch jetzt spontan einmal aus! Stellen Sie sich eine Zeitschaltuhr auf zehn Minuten und räumen Sie auf.

Trick #2

Ein zweiter Trick betrifft direkt die Küche, wirkt sich aber indirekt auf Ihr gesamtes Wohlbefinden und die Ordnung in der Wohnung aus. Kennengelernt habe ich diese Methode vor einigen Jahren in einem amerikanischen Forum und wende sie seitdem immer wieder gerne an.

Sie können sich nämlich kaum vorstellen, welchen Unterschied es auf Ihr Wohlbefinden macht, ob Ihre Küchenspüle aufgeräumt ist oder nicht. Bevor Sie ins Bett gehen, sollten Sie immer Ihre Spüle aufräumen, schmutziges Geschirr in den Geschirrspüler einräumen oder noch kurz das Geschirr vom Abendessen abwaschen und einräumen. Sorgen Sie dafür, dass die Spüle sauber ist.

Wenn Sie das nicht glauben, machen Sie heute den Anfang. Um diesen Bereich der Küche aufzuräumen, brauchen Sie wahrscheinlich nur wenige Minuten. Diese Zeit lohnt sich, auch wenn Sie vielleicht am liebsten sofort ins Bett gehen würden und nicht noch in der Küche stehen wollen. Den Unterschied bemerken Sie sofort am nächsten Morgen.

Es wird Ihnen beim ersten Betreten der Küche garantiert positiv auffallen, dass alles sauber ist. Bereiten Sie sich einen Tee oder Morgenkaffee in einem aufgeräumten Umfeld und Sie werden schnell feststellen, wie wohl Sie sich fühlen. Wenn Sie sich davon anstecken lassen und die Küche jeden Morgen in einem sauberen Zustand betreten, profitieren Sie gleich mehrfach davon: Die Küche ist aufgeräumt.

Sie starten mit guter Laune in den Tag.

Auch in den anderen Zimmern sorgen Sie zwischendurch innerhalb von wenigen Minuten für Ordnung.

Der Großputz am Wochenende verwandelt sich in eine kleine Angelegenheit, die nicht mehr zu Frust führt.

Richtig einkaufen

Einkaufen ist etwas, bei dem Sie am Anfang Ihres minimalistischen Lebens vielleicht noch unsicher sind. Doch auch hier gibt es einige Tricks, die es Ihnen leichter machen, zu den richtigen Produkten zu greifen.

Machen Sie sich einen Einkaufszettel. Wenn wir ohne Einkaufszettel einkaufen gehen und uns vor den prallgefüllten Regalen von unserer Shoppinglust treiben lassen, geht das Vorhaben, minimalistisch zu leben, schneller schief. Wenn Sie wissen, was Sie brauchen, ist es wesentlich leichter, sich daran zu halten.

Überschlagen Sie zuhause, wie hoch die Ausgaben sein werden. Die Preise für viele Lebensmittel haben Sie sicherlich im Kopf – zumindest grob. So lässt sich schnell ein ungefährer Gesamtpreis ermitteln. Lassen Sie dann Ihre Kreditkarte zuhause und nehmen Sie nur Bargeld mit. Natürlich nicht zu viel, sondern nur so viel, dass kleine Rechenfehler auszugleichen sind. Haben Sie beispielsweise 18 Euro für einen Einkauf ermittelt, stecken Sie 20 Euro in den Geldbeutel. So geht die Gefahr gegen Null, dass Lebensmittel im Einkaufswagen landen, die Sie eigentlich gar nicht benötigen.

Was brauchen Sie wirklich? Ein wichtiger Bestandteil ist, dass Sie nicht verschwenderisch mit Ihren Lebensmitteln umgehen. Kaufen Sie nur das, was Sie wirklich brauchen.

Das klingt zwar logisch, in vielen Haushalten werden jedoch Woche für Woche Lebensmittel weggeworfen, die nach dem Einkauf in den Kühlschrank wandern und dort so lange aufgehoben werden, bis sie ablaufen oder verderben. Dann folgt nur noch der Mülleimer. Um das zu verhindern, sollten Sie in den kommenden Wochen besonders darauf achten, welche Lebensmittel weggeworfen werden müssen. Das Auge ist in diesen Fällen beim Einkauf gieriger als der Verstand. Schauen Sie vor jedem Einkauf in den Kühlschrank und in die Regale und überprüfen Sie, was noch vorhanden ist.

Das Gedächtnis kann Sie trügen, wenn Sie bereits im Supermarkt stehen und überlegen, ob Sie bspw. noch Käse brauchen ... Aus Angst, die nächsten Tage ohne Käse auskommen zu müssen, legen Sie vorsichtshalber noch ein, zwei Packungen in den Einkaufswagen und ärgern sich zuhause, wenn Sie sehen, dass Sie jetzt vier Packungen Käse essen müssen. Dass davon wahrscheinlich mindestens eine schimmlig wird, ist fast vorprogrammiert.

Generell sollten Sie bei jedem Einkauf so vorgehen und die folgenden Punkte berücksichtigen. Dabei spielt es kaum eine Rolle, ob Sie Lebensmittel oder Kleidung kaufen. Denken Sie immer daran:

Was brauche ich wirklich, beziehungsweise was habe ich noch zuhause?

Wie viel Geld habe ich zur Verfügung? Wie viel will ich ausgeben? Was ist mir das Produkt wert?

Haben Sie diese Fragen im Hinterkopf, kann beim Einkaufen eigentlich nichts mehr schief gehen.

Endlich produktiver arbeiten

Nein sagen

Produktiver zu arbeiten, kann in einem minimalistischen Leben eine wichtige Rolle spielen. Es geht dann darum, seine Zeit möglichst sinnvoll einzuteilen und dadurch ein bewusstes Leben zu führen.

Wenn Sie bisher das Gefühl hatten, zu viel Zeit am Schreibtisch zu verbringen und nicht richtig vorankommen, finden Sie in diesem Kapitel einige Tipps, um das zu ändern.

Egal ob Sie selbstständig oder angestellt sind, es ist wichtig, dass Sie Ihre Grenzen kennen. Können Sie Nein sagen? Oder fällt es Ihnen schwer, einen Kollegen abzuweisen, der einen Auftrag an Sie abwälzen will? Oder dem nervigen Kunden zu sagen, dass eine weitere Zusammenarbeit nicht gewünscht ist, weil er Ihnen den letzten Nerv raubt? Möchten Sie lieber einen Abend auf dem Sofa verbringen, als mit der Freundin in die Disko zu gehen?

Dann ist es wichtig, dass Sie anfangen, sich damit zu beschäftigen. Denn wenn Sie häufiger Nein zu den Dingen sagen, die Sie nicht machen wollen, haben Sie mehr Zeit für das, was Ihnen Spaß macht.

Nur sind die wenigsten Menschen von heute auf morgen dazu in der Lage, ihren Mitmenschen zu sagen, dass sie keine Lust haben. Die Angst vor Ablehnung ist groß und daher trauen wir uns oft nicht, unsere wahre Meinung zu äußern.

Der erste Schritt in diese Richtung ist, dass Sie sich klar machen, dass Sie letztendlich nicht wissen, was im Kopf des anderen vor sich geht. Sie können es höchstens erahnen. Und dabei gehen Sie von dem aus, was Sie denken und nicht, was der andere denkt. Hören Sie also auf, darüber zu grübeln, wie der Kollege oder Kunde über Sie denkt, wenn Sie einmal Nein sagen.

Und: Es ist Ihr Leben! Ihr Gegenüber versucht schließlich auch, sein Leben so angenehm wie möglich zu gestalten. Dieses Recht haben Sie ebenso. Sorgen Sie also dafür, dass es Ihnen gut geht und umgeben Sie sich mit Personen, Arbeit und Gegenständen, die Ihnen gut tun.

Es hilft Ihnen wahrscheinlich schon weiter, wenn Sie sich auf gewisse Situationen genau vorbereiten und schon im Vorfeld wissen, wie Sie reagieren werden. Sie kennen Ihren Arbeitskollegen und ahnen schon, was er sagt, wenn er sich Ihrem Schreibtisch nähert, oder?

Schreiben Sie sich den Dialog auf, der sich entwickelt, wenn der Kollege möchte, dass Sie seine Aufgabe übernehmen. Diesmal sagen Sie aber „Nein". Wenn Sie möchten, können Sie noch begründen, warum das für Sie dieses Mal nicht in Frage kommt. Überlegen Sie sich genau, was Sie sagen möchten und formulieren Sie es so, dass Sie sich dabei wohl fühlen. Planen Sie ebenso ein, dass der Kollege Sie irritiert ansieht, eventuell sogar genervt oder wütend reagiert. Wie fühlen Sie sich dabei? Denken Sie daran: Er wollte einen angenehmen Arbeitstag und hätte es dafür leicht in Kauf genommen, dass Sie einen unangenehmen Arbeitstag haben. Müssen Sie sich das gefallen lassen?

Gehen Sie solche Gespräche außerdem mit Kunden, Freunden und Familienmitgliedern durch. Wichtig ist, dass Sie sich den Dialog aufschreiben, weil beim Schreiben vieles deutlicher wird als beim Denken.

Machen Sie aber nicht den Fehler, dass Sie nach dem Nein anfangen, mit dem Gegenüber zu diskutieren, warum dies und warum jenes nicht geht. Das haben Sie nicht nötig. Je klarer Sie sich darüber sind, was Sie wollen, desto leichter wird Ihr Nein akzeptiert.

Weniger erreichbar sein

Um produktiv zu arbeiten, ist es wichtig, dass Sie sich abgrenzen können. Dazu zählt neben dem Nein sagen außerdem, dass Sie nicht ständig und für jeden erreichbar sind. Gerade in der heutigen Zeit des Internets und der sozialen Netzwerke ist es schon fast normal, dass viele Menschen Anspruch darauf erheben, andere rund um die Uhr zu erreichen.

Das ist nicht nur im privaten Umfeld, sondern auch im Berufsleben so. Viele Menschen leiden darunter und können nicht richtig abschalten, weil sie keinen wirklichen Feierabend mehr kennen. Während der Tagesschau ruft der Chef an, zum Tatort wird noch einmal schnell der Posteingang des Mailprogrammes gecheckt. Es ist unter diesen Umständen kein Wunder, wenn Depressionen, Erschöpfung, Kopfschmerzen und Burnout-Syndrom in der Arbeitswelt zunehmen.

Nehmen Sie Ihre Auszeiten daher ernst! Machen Sie beruflichen Kontakten deutlich, dass Sie ab einer gewissen Zeit nicht mehr erreichbar sind. Der Betrieb wird nicht darunter leiden, wenn Sie nachts oder am Sonntag keine Emails abrufen. Natürlich gibt es Berufe, in denen dies notwendig ist, in vielen Fällen nimmt die ständige Erreichbarkeit jedoch überhand.

Auch wenn Sie selbstständig sind, müssen Sie sich Auszeiten gönnen.

Es ist zwar richtig und wichtig, dass Sie für Ihren Betrieb zuständig sind und diesen am Laufen halten müssen, aber wenn Sie einmal zusammenbrechen, nützt es Ihnen wenig, wenn Sie bisher immer für alle zu erreichen waren. Planen Sie daher feste Auszeiten ein, selbst wenn diese nur kurz sind. Gönnen Sie sich 30 Minuten am Tag, an denen Sie laufen oder einen Spaziergang machen. Oder setzen Sie sich in ein Café, genießen einen Kaffee und beobachten die flanierenden Menschen. Natürlich ist es schwer, sich in der Hektik des Alltags zu entspannen, trotzdem ist es notwendig, kleine Auszeiten einzuplanen.

Oder haben Sie schon einmal daran gedacht, mit Meditationen anzufangen? Schon wenige Minuten am Morgen führen dazu, dass Sie ausgeglichen und motiviert in den Tag starten. Fangen Sie mit zwei Minuten täglich an – die Ausrede, dass Sie dafür keine Zeit haben, fällt in diesem Fall schon einmal weg.

Aber nicht nur in diesem Bereich ist die Erreichbarkeit hinderlich, wenn Sie effektiver arbeiten wollen. Wie häufig schauen Sie während der Arbeitszeit auf Ihr Smartphone oder bleiben bei der Recherche im Internet bei Facebook und Co. hängen und schauen nach, was die Freunde dort (während ihrer Arbeitszeit) schreiben?

Über die Woche zusammengerechnet, kommen hier durchaus einige Stunden zusammen, in denen Sie viel hätten leisten können.

Wenn Sie genau wissen, dass Sie sich leicht dazu hinreißen lassen, zwischendurch immer in sozialen Netzwerken zu stöbern, nutzen Sie Apps, mit denen Sie diese Domains für gewisse Zeiträume sperren können. Die Zeiten dafür legen Sie selbst fest, so dass Sie sich beispielsweise während der Mittagspause erlauben können, Freunde zu kontaktieren.

Im Smartphone lassen sich Apps sperren, so dass Sie auch hier keine Möglichkeit haben, sich ablenken zu lassen.

Die Pomodoro-Technik

Die Pomodoro-Technik ist eine einfache Technik, die Sie benutzen können, um mehr zu erreichen. Anstatt dass Sie sich morgen früh sagen „Heute will ich endlich einmal den ganzen Tag produktiver sein und wirklich den Stapel Akten bearbeiten!", konzentrieren Sie sich bei der Pomodoro-Technik auf die nächsten 25 Minuten. Das ist ein überschaubarer Zeitrahmen, oder?

Genau das macht diese Technik so beliebt und erfolgreich. Sie haben einen Abschnitt vor sich, der zwar relativ kurz ist, in dem Sie aber trotzdem außerordentlich viel erreichen können.

Der Name Pomodoro stammt übrigens aus dem Italienischen und bedeutet übersetzt *Tomate*. Warum Tomaten-Technik? Weil der Erfinder dieser Methode, Francesco Cirillo, in den 80er-Jahren des vergangenen Jahrhunderts eine Küchenuhr in Form einer Tomate für seine Versuche benutzt hat.

Genauso gut hätte sie also Eier-Methode heißen können.
Wie funktioniert diese Technik aber? Sie nehmen sich eine Küchenuhr, eine Stoppuhr oder stellen den Timer Ihres Smartphones auf 25 Minuten. Wenn Sie über eine Suchmaschine nach dieser Methode suchen, finden Sie außerdem Pomodoro-Timer, die sich online benutzen lassen oder die Sie runterladen können. Sie können sich nun mehrere kleinere Aufgaben vornehmen oder sich eine größere Aufgabe überlegen, die Sie in mehrere Abschnitte unterteilen. Fangen Sie an und arbeiten die ersten 25 Minuten konzentriert durch. Diese Zeitspanne sollten Sie durchhalten. Wenn Sie sich auf die Aufgabe fokussieren, sind Sie sicherlich überrascht, wie schnell die Zeitschaltuhr mit ihrem Alarm ertönt. Nun ist es Zeit, zu entspannen.
Gönnen Sie sich jetzt fünf Minuten Pause. Bei einigen Pomodoro-Timern sind diese Pausen bereits eingeplant, so dass nach dem Stop-Signal automatisch fünf Minuten Pause als Countdown laufen. In dieser Zeit sollten Sie vollkommen abschalten. Machen Sie Gymnastik, meditieren Sie, lesen Sie ein inspirierendes Buch oder unterhalten Sie sich mit einem Arbeitskollegen. Hauptsache, Sie sind nicht mit der Arbeit beschäftigt.

Danach beginnt die zweite Runde, die nächsten 25 Minuten, gefolgt von weiteren fünf Minuten Pause. Haben Sie diese Abfolge vier Mal durchlaufen, also zwei Stunden konzentriert gearbeitet, ist es Zeit für eine größere Pause. Gehen Sie dann 20 Minuten spazieren, machen Sie Yoga oder Kaffeepause. Entspannen Sie jetzt richtig! Probieren Sie diese Methode einmal aus und Sie werden sehen, wie viel mehr Aufgaben Sie innerhalb kurzer Zeit erledigen.

Deine Budgets genießen

Wenn Sie anfangen, sich mit Minimalismus zu beschäftigen und nicht mehr so viel Geld ausgeben möchten wie bisher, ist es hilfreich, dass Sie sich Budgets anlegen.

Budgets helfen Ihnen, besser mit dem Geld hauszuhalten. Schließlich wollen Sie nicht mehr, wie bisher, viel Geld für unnütze Gegenstände ausgeben, die früher oder später nicht mehr benutzt werden. Das wäre zum Fenster herausgeworfenes Geld!

Bei vielen Minimalisten finden Sie stattdessen zwei Bereiche, für die sie wesentlich häufiger ihr Geld ausgeben:

- Persönlichkeitsentwicklung und Weiterbildung
- Reisen

Warum ausgerechnet diese beiden Bereiche? Weil diese Investitionen sich auf Ihr ganzes weiteres Leben auswirken! Sie haben also nicht nur kurzfristig Freude daran wie an einer hübschen Handtasche oder einer neuen Bluse, sondern eventuell bis zu Ihrem Lebensende.

Wenn Sie eine neue Sprache erlernen, eine Sportart beginnen, Rhetorikkurse besuchen oder eine Entspannungstechnik erlernen – diese Kenntnisse können Sie Ihr ganzes Leben anwenden und von ihnen profitieren.

Genauso sieht es mit Reisen aus. Damit sind aber keine Kurztrips nach Mallorca zum Ballermann oder in Metropolen gemeint, wo Sie von einer Sehenswürdigkeit zur nächsten hetzen. Stattdessen geht es darum, Land und Leute, die verschiedenen Kulturen näher kennenzulernen. Indem Sie langsamer reisen und sich mit den Menschen auseinandersetzen, lernen Sie nicht nur neue Länder intensiver kennen, sondern erfahren außerdem mehr über sich. Häufig müssen Sie beispielsweise über Ihren Schatten springen, wenn Sie sich nicht verständigen können oder unsicher sind, welches Verhalten in einem fremden Land angebracht ist. Dadurch, dass Sie sich herausfordern, werden Sie auch in Zukunft stärker und finden sich sowohl im Privatleben als auch im Beruf besser zurecht. Ihnen kann nun nichts mehr so schnell Angst machen und Sie werden gelassener.

Wenn Sie einen Minimalisten kennen, fragen Sie ihn einmal nach seinen Erfahrungen. Sie werden erstaunt sein. Doch wie können sich Minimalisten leisten, viel zu reisen? Sie haben häufig Budgets und teilen sich ihr Geld dementsprechend ein.

Was sind überhaupt Budgets?

Stellen Sie sich vor, Sie haben jeden Monat 1000 Euro zur freien Verfügung. Miete, Versicherungen und Auto sind bereits bezahlt, 1000 Euro sind das, was übrig bleibt. Mir ist bewusst, dass viele Menschen nicht diese Summe für ihre Freizeitaktivitäten ausgeben können. Da sich mit dieser Zahl aber leichter rechnen lässt, als bspw. mit 670 Euro, nehme ich sie der Einfachheit halber.

Diesen Betrag teilen Sie nun auf. Wofür geben Sie Ihr Geld jeden Monat aus? Ein paar Punkte könnten sein:

- Ausgehen (Kino, Club, Café, etc.)
- Kosmetik
- Geschenke
- Kleidung
- Hobby
- Weiterbildung
- Reisen

Vielleicht haben Sie bisher einen Großteil des Geldes für Kleidung und Ausgehen ausgegeben. Ihr Hobby war ebenfalls relativ teuer und Kosmetik ist notwendig, damit Sie sich wohl fühlen.

Eventuell sah Ihre Aufteilung so oder so ähnlich aus:

- Kleidung: 400 Euro
- Ausgehen: 200 Euro
- Hobby: 200 Euro
- Kosmetik: 100 Euro
- Geschenke: 100 Euro
- Weiterbildung: 0 Euro
- Reisen: 0 Euro

Bisher hatten Sie vielleicht kein Gespür dafür, wie viel Reisen und Weiterbildung für Ihr weiteres Leben bedeuten kann. Wenn Sie nun Ihre Meinung ändern und die Prioritäten verschieben wollen, sieht der Plan vielleicht wie folgt aus:

- Kleidung: 200 Euro
- Ausgehen: 200 Euro
- Weiterbildung: 150 Euro
- Reisen: 150 Euro
- Hobby: 100 Euro
- Kosmetik: 100 Euro
- Geschenke: 100 Euro

Da dieses Verhalten noch neu für Sie ist und Sie sich erst daran gewöhnen müssen, Ihr Geld neu einzuteilen, ist es ratsam, dass Sie sich aufschreiben, wie viel Sie für welchen Bereich einplanen. Und ebenso wichtig ist es, die Ausgaben aufzuschreiben und im Auge zu behalten.

Haben Sie bereits Mitte des Monats 200 Euro für Kleidung ausgegeben, müssen Sie bis zum nächsten Monatsanfang warten, bis Sie sich die nächste Kleidung kaufen können. Wenn Sie nicht das ganze Budget verbrauchen, sparen Sie sich im Laufe der Zeit eine nette Summe an. Nach vier Monaten sind so immerhin schon je 600 Euro für Reisen und Weiterbildung zusammengekommen, so dass Sie die ersten Buchungen vornehmen können.

Auf den ersten Blick mag Ihnen dies wie Erbsenzählerei oder überflüssige Buchhaltung erscheinen, aber Sie werden schnell merken, wie sehr es sich lohnt, den Überblick zu behalten.

Gefahren des Konsums

Zu viel und ständig zu kaufen, hat aber nicht nur Nachteile für Ihren Geldbeutel. Hinzu kommen weitere Faktoren, die Sie beachten sollten.

Werte

Wenn Sie sich immer sofort kaufen, worauf Sie gerade Lust haben und nicht darüber nachdenken, ob es tatsächlich notwendig ist und Sie sich keine Zeit lassen, sich auf das Produkt zu freuen, besteht die Gefahr, dass Sie es nicht wertschätzen. Sie kaufen, kaufen und kaufen und übersehen fast, wofür Sie Ihr Geld ausgeben. Wenn Sie viel kaufen, erinnern Sie sich unter Umständen schon ein paar Wochen später nicht mehr daran, wofür Sie Ihr Geld ausgegeben haben.

Ist das bei Ihnen der Fall? Denken Sie einmal darüber nach, wie viele Anschaffungen Sie im letzten Monat gemacht haben. Wie viel Kleidung, Kosmetik oder Dekoartikel haben Sie gekauft? Fällt Ihnen alles ein oder passen die ausgerechneten Ausgaben nicht mit Ihren Erinnerungen zusammen?

Steht immer alles zur Verfügung, birgt dies zusätzlich die Gefahr, dass Sie nicht achtsam mit Ihren Sachen umgehen. Wahrscheinlich war zumindest ein Großteil der Produkte nicht sonderlich hochpreisig – es zu ersetzen, hätte daher keinen großen Nachteil auf Ihren Geldbeutel.

Da der ideelle Wert der Gegenstände im Allgemeinen dann auch als niedrig angesehen wird, behandeln Sie diese nicht so gut, als wenn Sie ein wertvolles Stück besitzen würden. Es ist Ihnen nicht viel wert, also ist es nicht schlimm, wenn die ersten Kratzer zu sehen sind, es herunterfällt oder schließlich kaputt geht. Wie viel sorgfältiger würden Sie damit umgehen, wenn Sie es mit Bedacht ausgewählt und mehr Geld dafür ausgegeben hätten?

Umwelt

Umweltverschmutzung ist ein weiterer Punkt, den wir heutzutage nicht mehr länger von uns schieben dürfen. Je mehr die Menschen kaufen, desto mehr muss die Industrie produzieren. Besonders Wegwerfartikel und Produkte, die billig hergestellt werden, haben nur eine kurze Lebensdauer und müssen dann nachproduziert werden. Da vor allem in den Erste-Welt-Ländern der Verbrauch an solchen Produkten hoch ist, entstehen hier regelrechte Müllberge. Die Entsorgung der Materialien führt wiederum zu Luftverschmutzung und einer Verstärkung der Klimaerwärmung.

Wo werden die billigen Produkte produziert? In den armen Dritte-Welt-Ländern. Die Arbeiter dort arbeiten oft unter gefährlichen und menschenunwürdigen Bedingungen. Sicherlich kennen Sie die Bilder aus dem Fernsehen, wenn gelegentlich eine Textil-Fabrik in Flammen aufgeht und hunderte Menschen qualvoll sterben. Solche Arbeitsbedingungen entstehen, wenn alle Verbraucher möglichst wenig Geld ausgeben wollen.

Beim Minimalismus kommt es aber nicht nur darauf an, weniger zu kaufen, sondern ebenso, sein Bewusstsein zu schärfen. Dazu gehört unter anderem, die Qualität der Produkte zu beachten und ebenso die Bedingungen, unter denen die Arbeiter diese herstellen mussten. Wenn Sie Ihr Bewusstsein stärken, nehmen Sie Ihre Mitmenschen allgemein anders wahr. Sie fangen an, sich um das Wohl der anderen zu kümmern. Das schließt sowohl die direkte Umwelt ein als auch weit entfernte Mitarbeiter einer Fabrik in Bangladesch.

Neben Fair Trade sind Bio-Produkte heute in jedem Supermarkt erhältlich. Sie unterstützen dadurch nicht nur Ihre Gesundheit, sondern ebenso die Umwelt. Da die Belastung des Bodens durch Pflanzenschutzmittel und Insektenvernichtungsmittel bei herkömmlichem Obst und Gemüse höher ist, tragen Sie Ihren Teil zum Umweltschutz bei, wenn Sie öfter einmal zu Bio-Ware greifen.

Lebensmittel

Wie sieht es in Ihrem Haushalt mit Lebensmitteln aus? Kaufen Sie nur das billigste oder legen Sie Wert auf Qualität? Auch hier ist es ratsam, über den Tellerrand hinauszuschauen. Wenn Sie nur Fleisch im Discounter zu Billigstpreisen kaufen, unterstützen Sie die Massentierhaltung, dessen sollten Sie sich bewusst sein. Es ist nicht möglich, dass die Tiere bei derart niedrigen Preisen ein gutes Leben führen.

Außerdem leiden nicht nur die Tiere, sondern ebenso die Bauern. Sie sind häufig mit ihren Waren an die großen Konzerne gebunden und müssen die Produkte zu Preisen liefern, an denen sie beinahe zugrunde gehen. Oft sehen sie aber keine andere Möglichkeit, als diese Zusammenarbeit anzunehmen. Selbst wenn daraus kein guter Verdienst für sie herausspringt.

Im Inneren aufräumen

Was hat ein Kapitel übers Verzeihen in einem Buch über Minimalismus zu suchen, fragen Sie sich vielleicht? Ganz einfach. Es geht beim Minimalismus auch ums Loslassen und Verzeihen.

Nachtragende Menschen, die über Jahre oder sogar Jahrzehnte an einem Streit festhalten und ihr Gegenüber den Groll spüren lassen, haben genau damit Probleme. Sie können nicht loslassen und spüren dabei nicht, dass sie vor allem sich selbst schaden.

Denken Sie nach: Gibt es Menschen in Ihrem Leben, mit denen Sie einen Streit hatten und denen Sie noch immer nicht ganz verziehen haben? Vielleicht kommen Ihnen sofort ein paar Namen in den Sinn. Dann haben Sie gleich die Möglichkeit, mit diesem Kapitel abzuschließen.

Warum lohnt es sich, zu verzeihen?

Sie glauben wahrscheinlich, dass die andere Person unter Ihrer Ablehnung leidet und es sich daher lohnt, weiterhin dieses Verhalten an den Tag zu legen. Allerdings gibt es ein Problem: Jeder Mensch lebt in seiner eigenen Realität. Sie wissen nicht, worüber der andere Tag für Tag nachdenkt. Vielleicht kommen Sie und der Streit überhaupt nicht mehr in dessen Gedanken vor? Und Sie sind die einzige Person, die sich damit befasst.

Ist das nicht eine seltsame Vorstellung? Sie wollen durch Ihr Nicht-Verzeihen einen anderen Menschen dazu bringen, sein Verhalten zu ändern oder sich schlecht zu fühlen, im Endeffekt fühlen aber nur Sie sich schlecht.

Ihr Gegenüber führt dagegen ein angenehmes Leben. Das wiederum muss nicht bedeuten, dass er ein Ignorant ist und einen Streit schnell zur Seite gelegt hat. Denken Sie immer daran: Jeder Mensch lebt in seiner eigenen Realität, hat seine Meinungen, Einstellungen und nimmt nur das wahr, worauf er seinen Fokus legt.

Das glauben Sie nicht? Dann denken Sie über Ihr eigenes Leben einmal genauer nach. Oder nehmen Sie ein einfaches Beispiel:

Sie planen, sich ein rotes Auto zu kaufen und sind plötzlich überrascht, wie viele rote Autos es in Ihrer Straße gibt. Bisher ist Ihnen das nicht aufgefallen – weil Ihre Aufmerksamkeit auf andere Dinge gerichtet war. So ist es überall im Leben: Wir nehmen wahr, was wir kennen und worauf wir uns fokussieren.

Ihr Gegenüber kann daher den Streit, der Sie seit langem fürchterlich belastet, ganz anders aufgenommen haben. Vielleicht geht er anders mit Meinungsverschiedenheiten um, weil in seiner Familie viel gestritten, aber genauso schnell wieder verziehen wurde. Oder er hatte zum Zeitpunkt der Meinungsverschiedenheit ebenfalls mit seinem Partner einen Streit und hat dadurch gar nicht wahrgenommen, dass es zwischen Ihnen ebenfalls gekracht hat.

Wollen Sie sich entschuldigen?

Genauso wie es sich für Sie lohnt, anderen Menschen zu verzeihen, kann es hilfreich sein, sich zu entschuldigen.

Wenn Sie seit längerem Schuldgefühle mit sich herumtragen, ist es außerordentlich befreiend, die entsprechenden Personen um Entschuldigung zu bitten. Sie merken dann, wie eine Last von Ihnen abfällt. Natürlich wissen Sie auch in diesen Fällen nicht, wie der Betroffene auf Ihr Geständnis reagiert oder ob er unter Ihren Worten oder Taten tatsächlich so gelitten hat, wie Sie es sich vorstellen – aber Sie haben den ersten Schritt getan, was sich außerordentlich gut anfühlt.

Wenn Sie sich dazu entschlossen haben, eine Entschuldigung auszusprechen, überlegen Sie sich, was Sie sagen wollen. Wichtig ist dabei, dass Sie bei sich bleiben. Erklären Sie, dass es Ihnen Leid tut, was passiert ist.

Vielleicht erklären Sie noch, wie Sie sich in der Situation gefühlt haben. Auf keinen Fall dürfen Sie aber ausführen, wie sich das Gegenüber falsch verhalten oder was es gesagt hat.

Die Person soll sich nicht angegriffen fühlen, da dies zu deutlich mehr Spannungen führen wird. Die Entschuldigung wird unter solchen Umständen sehr wahrscheinlich nicht fruchten, sondern ein neuer Streit wird entfacht.

Vermeiden Sie außerdem die Frage am Schluss, ob die Person Ihnen verzeiht. Wie Sie schon wissen, ist auch das Verzeihen können eine Sache der Übung. Auch wenn es außerordentlich befreiend ist, zu verzeihen, können Sie nicht von Ihrem Gegenüber erwarten, dass es soweit ist, diesen Schritt zu gehen.

Wie würden Sie sich fühlen, wenn Sie jemand um Verzeihung bittet, obwohl Sie das nicht möchten? Es setzt Sie wahrscheinlich unter Druck.

Denken Sie daran, dass es nicht darum geht, beim anderen etwas zu bewirken. Wenn das passiert, ist es toll und die Überwindung hat sich doppelt gelohnt. Im Wesentlichen geht es aber darum, dass Sie sich und der Person eingestehen, dass Sie falsch gehandelt haben. Von diesem Standpunkt aus kann alles nur besser werden.

Wenn es niemanden mehr gibt …

Eventuell liegt die Situation schon lange zurück und Sie haben keinen Kontakt mehr. Möglicherweise ist die Person inzwischen sogar verstorben. Natürlich ist das möglich, trotzdem haben Sie aber die Chance, etwas zu verändern. Wenn Sie die Adresse, die E-Mail-Adresse oder ein Profil in einem sozialen Netzwerk ermitteln können, schreiben Sie einen Brief beziehungsweise eine E-Mail. Auch hier gilt das Gleiche: Bleiben Sie bei sich und Ihren Gefühlen. Allerdings ist es nicht notwendig, dass Sie Ihren Brief abschicken. Sofern Sie das Bedürfnis haben und die Person noch lebt, können Sie das natürlich machen. Erwarten Sie aber nicht, dass sie antwortet! In diesem Fall hätten Sie Erwartungen an den anderen, was nicht hilfreich ist. Wenn Sie spüren, dass dies bei Ihnen eintreten würde, schreiben Sie einen Brief, lesen ihn laut vor und schicken in Gedanken Liebe zu der Person. Danach verbrennen Sie feierlich das Papier und verabschieden sich. So lassen Sie tatsächlich los und fühlen sich freier.

Loslassen von falschen Freunden

Vielleicht kennen Sie das: In Ihrem Umfeld gibt es eine Person, die Ihnen nicht gut tut. Sie wissen genau, wenn Sie sich mit Ihr unterhalten oder beschäftigen, fühlen Sie sich anschließend traurig, Sie regen sich auf oder sind einfach schrecklich erschöpft. Anstatt aber Abstand zu halten, lassen Sie es zu, dass Ihnen die Person nahe kommt und Sie weiterhin belastet. Seien Sie beruhigt, damit sind Sie nicht alleine. Vielen Menschen geht es so. Es ist ein großer Schritt, sich von Menschen zu trennen, die bisher im Leben eine Rolle gespielt haben. In den meisten Fällen tritt dann die Angst auf, abgelehnt zu werden.

Nur bei einer Person auf Unverständnis zu stoßen, wäre nicht einmal so schlimm, aber eventuell befürchten Sie, dass diese Person schlecht über Sie im Freundes- und Bekanntenkreis redet?

Mit diesen Befürchtungen sind Sie nicht allein. Und es ist sogar natürlich, dass Sie sich diese Sorgen machen. Die Angst vor Ablehnung kommt daher, dass der Mensch die Gemeinschaft braucht, um leben zu können. Schon als Baby lernen wir, dass wir auf andere angewiesen sind. Ohne jemanden, der das Baby füttert, wickelt und ihm Liebe schenkt, würde es nicht überleben. Die Liebe zählt sogar zu den Grundbedürfnissen, ohne die ein Kind sich nicht richtig entwickeln kann. Entstehen kann dies zum Beispiel durch eine Depression nach der Geburt, bei der eine Mutter sich nicht um ihr Kind kümmern kann. Kinder, die im Heim aufwachsen, sind unter Umständen ebenfalls davon betroffen.

Sogar die Wissenschaft hat sich diesem Phänomen angenommen. Bei Kindern, die nicht genug Geborgenheit und Zuwendung erhalten, ist die Gefahr groß, dass körperliche und geistige Fehlentwicklungen entstehen. Die Rede ist dann von Deprivation.

Sie sehen, es hat also durchaus seine Vorteile, von vielen Menschen gemocht zu werden. Allerdings sollten Sie ebenso darauf achten, wer Ihnen gut tut und bei wem Sie sich schlecht fühlen. Sie sind heute erwachsen und können frei entscheiden, mit wem Sie Ihre Zeit verbringen.

Natürlich ist es trotzdem nicht leicht, sich von solchen Menschen, die Ihnen nicht guttun, zu verabschieden. Kaum jemand traut sich, dem Gegenüber zu sagen, dass ab sofort kein Kontakt mehr stattfindet, weil die Bekanntschaft sich nicht gut anfühlt. Auch wenn es konsequent und richtig wäre, so vorzugehen, findet dieser Schritt kaum statt.

Denken Sie daran: Es geht nicht darum, wirkliche Freunde vor den Kopf zu stoßen, weil Sie sich gestritten haben. Gemeint sind Personen, in deren Gesellschaft Sie sich unwohl fühlen, weswegen Sie bei deren Gegenwart nicht profitieren, sondern sich nach einem Treffen erst einmal wieder erholen müssen. Wenn Sie sich von solchen Leuten trennen, profitieren Sie davon, weil Sie mehr Energie haben.

Aber wie gehen Sie am besten vor?

Mental bereiten Sie sich auf das nächste Gespräch vor, in dem Sie sich vor Augen halten, warum Sie die Bekanntschaft beenden wollen. Listen Sie auf, wie Sie sich fühlen.

Die Wahrscheinlichkeit ist groß, dass die Person immer auf die gleiche Weise auf Sie zutritt. Vielleicht ruft sie an, Sie treffen sie morgens beim Bäcker oder einmal pro Woche beim Sport. Sie kennen also die Situation und können sich vorbereiten.

Was sagt Ihr Gegenüber und wie können Sie reagieren? Schließen Sie die Augen und versetzen sich in die Situation. Überlegen Sie sich mehrere Varianten und überlegen sich, mit welcher Antwort Sie sich wohl fühlen. Es ist wichtig, dass Sie dabei ein gutes Gefühl haben.

Die Wahrscheinlichkeit ist groß, dass Sie in der realen Situation angespannt sind. Würden Sie nun einen Satz im Kopf haben, der Ihnen schon im Vorfeld zu frech, zu laut oder einfach nicht zu Ihrer Persönlichkeit passend erscheint, werden Sie dann tatsächlich Schwierigkeiten haben, ihn selbstbewusst vorzutragen.

Anders sieht es aus, wenn Ihre Äußerung zu Ihnen passt. Sie fühlen sich gut damit und haben nicht das Gefühl, sich rechtfertigen zu müssen. Das Gefühl, sich rechtfertigen zu müssen, tritt im Kontakt mit solchen Personen leider ziemlich häufig auf. Sie geben uns schließlich das Gefühl, dass sie mehr wert sind als wir und über uns stehen. Es ist dann nicht verwunderlich, dass wir uns Ausreden über Ausreden einfallen lassen, um sie nicht mit unserer Absage zu verärgern.
Allerdings: Das haben Sie nicht nötig! Es ist Ihr Leben und Sie entscheiden, mit wem Sie Ihre Zeit verbringen möchten. Dafür müssen Sie sich nicht entschuldigen.

Es ist nie zu spät

Vielleicht gehören Sie zu den Menschen, die bereits ein gewisses Alter erreicht haben und sich nun sagen: „Schön und gut, als ich jünger war, hätte ich solche Veränderungen in meinem Leben durchgeführt, aber heute?"

Kommt Ihnen alles zu anstrengend vor und Sie wissen nicht, ob sich der Aufwand in Ihrem Alter noch lohnt? Seien Sie sich gewiss: Sie sind nie zu alt, um an sich zu arbeiten und sich weiterzuentwickeln. Mit jedem Schritt wird Ihr Leben ein bisschen besser. Warum sollte jemand, der bereits 80 Jahre alt ist, keine Lust haben, ein besseres Leben zu führen? Den Lebensabend in Freude zu genießen, ist das Beste, was einem passieren kann.

Natürlich sind die Gedankenmuster und Einstellungen im höheren Alter eingefahrener. Jemandem, der noch relativ jung ist, wird es leichter fallen, sich von einem störenden Glaubenssatz zu verabschieden, als einer älteren Person. Der Grund liegt einfach darin, dass der Glaubenssatz deutlich länger Zeit hatte, um sich zu manifestieren.

Allerdings ist dies kein Grund, die Sache nicht in Angriff zu nehmen. Vielleicht fällt es Ihnen anfangs noch schwer, nicht so viel einzukaufen wie bisher. Sie haben das Gefühl, dass etwas in Ihrem Leben fehlt, dass Sie nicht Sie selbst sind oder sogar, dass Ihr Glück vom Kauf eines bestimmten Produktes abhängt.

Wenn Sie bisher Ihr ganzes Leben von materialistischen Sachen abhängig gemacht haben, wundern Sie sich nicht, wenn es vor allem anfangs schwer fallen kann.

Da Sie aber zu diesem Buch gegriffen haben, haben Sie bereits (vielleicht unbewusst) signalisiert, dass Sie etwas in Ihrem Leben ändern möchten. Wollten Sie diesen Schritt bereits länger gehen, beglückwünsche ich Sie, dass Sie jetzt die Initiative ergriffen haben, um loszulegen.

Vielleicht brauchen Sie noch ein bisschen Zeit, um sich alles durch den Kopf gehen und sacken zu lassen. Auch das ist völlig in Ordnung und Sie sollten sich deswegen keine Vorwürfe machen. Denken Sie nach, eventuell lesen Sie bestimmte Kapitel dieses Buches noch einmal, um die Inhalte zu vertiefen.

Gehen Sie Ihr eigenes Tempo und lassen sich von niemandem unter Druck setzen. Fangen Sie dagegen einen minimalistischen Lebensstil an, weil Ihr Partner, ein Freund oder Familienmitglied das verlangt oder Sie wissen, dass Sie ihn damit glücklich machen, wählen Sie den falschen Weg. Die Wahrscheinlichkeit ist groß, dass Sie dann früher oder später Ihren Versuch abbrechen. Die Initiative muss von Ihnen ausgehen. Dann klappt es.

Wenn Sie sich wirklich wohl fühlen mit Ihrem Entschluss, Minimalismus in Ihr Leben einziehen zu lassen, fangen Sie an.

13 Schritte in ein minimalistisches Leben

- Fassen Sie den festen Entschluss, einen minimalistischen Lebensstil zu führen. Vielleicht wollen Sie ihn nur auf einen Teilbereich Ihres Lebens anwenden, vielleicht wollen Sie generell bewusster leben und dem Minimalismus in all seinen Facetten eine Chance geben.
- Machen Sie sich bewusst, dass es durchaus Momente geben kann, in denen Ihnen der neue Lebensstil nicht ganz so leicht fallen wird. Es geht nicht darum, pessimistisch in die Zukunft zu blicken. Wenn Sie solche Situationen akzeptieren, fällt es Ihnen leichter, damit umzugehen, sie zur Seite zu legen und weiterzumachen.
- Misten Sie Ihr Haus oder Ihre Wohnung aus. Es ist oft ratsam, sich dazu einen Plan zu machen, in welchem Zeitraum Sie sich welches Zimmer vornehmen wollen. Schätzen Sie aber Ihre Zeit realistisch ein: Innerhalb von einer Woche ein komplettes Haus auszumisten, ist eher unwahrscheinlich. Bevor Sie sich zu sehr unter Druck setzen, setzen Sie Ihre Ziele eher niedrig an – so sind Sie in der Lage, diese zu erreichen und bleiben motiviert.

- Entsorgen Sie Gegenstände aus Ihrer Wohnung. Melden Sie Sperrmüll an, fragen Sie im Bekannten- und Freundeskreis, ob jemand an der einen oder anderen Sache Interesse hat oder machen Sie einen Garagenverkauf. Vielleicht mieten Sie sich einen Stand auf einem Flohmarkt und verkaufen dort Ihre Sachen. Möbel, die noch in Ordnung sind, geben Sie an ein soziales Kaufhaus und freuen sich darüber, eine gute Tat getan zu haben. Generell freuen sich caritative Einrichtungen über viele Spenden – fragen Sie dort nach, was aktuell benötigt wird.
- Gewöhnen Sie sich an, jeden Abend die Küchenspüle auszuräumen. Sie werden den Anblick morgens genießen.
- Beschäftigen Sie sich jeden Tag mit einem Zimmer und räumen es zehn Minuten auf. Sie werden garantiert erstaunt sein, wie schnell die Zeit vergeht und wie leicht Sie dadurch eine Grundordnung halten.
- Führen Sie ein Haushaltsbuch. Dadurch bekommen Sie zum einen einen Überblick, in welche Kanäle monatlich das Geld fließt. Dadurch lassen sich unter Umständen finanzielle Einsparungen durchführen. Aber es geht nicht nur darum, zu sparen! Sie merken außerdem, wo Sie verschwenderisch sind. Liegen die Ausgaben in einigen Bereichen wesentlich höher, als Sie angenommen haben, ist es Zeit, sich ein paar Gedanken zu machen.

- Wenn Sie eine Zeitlang ein Haushaltsbuch geführt haben, machen Sie sich Budgets. Sie wissen dann, wie viel Geld Sie in den verschiedenen Bereichen benötigen und können es sich besser einteilen. Halten Sie sich an die Budgets!
- Seien Sie nicht mehr ständig erreichbar. Teilen Sie Bekannten, dem Chef oder anderen Personen, die Sie gerne abends, nachts oder am Wochenende belästigen, mit, dass Sie ab sofort diese Zeit nutzen, um sich zu erholen. Betonen Sie, dass Sie diese Zeit benötigen, um danach wieder bestmöglich zur vollen Zufriedenheit zu Verfügung stehen. Ignorieren Sie Versuche, die danach trotzdem erfolgen.
- Der vorherige Punkt ist der erste Schritt, um häufiger „Nein" zu sagen. Überlegen Sie sich für verschiedene Situationen und Personen Strategien und Gesprächsverläufe. Schreiben Sie Ihre eigenen kleinen Drehbücher.
- Laden Sie sich im Internet einen Pomodoro-Timer herunter, um effektiver zu arbeiten. Wenn Sie Ihre Arbeitszeit besser nutzen, haben Sie mehr Zeit für die schönen Dinge im Leben.

- Wie sieht es mit Ihrem Seelenleben aus? Machen Sie eine Liste mit Personen, denen Sie verzeihen wollen. Auf einer zweiten Liste stehen Menschen, bei denen Sie sich entschuldigen möchten. Nehmen Sie sich die erste Person vor und fangen Sie an, bei sich aufzuräumen. Auch wenn es schwer fällt.
- Haben Sie in Ihrem Leben einen sogenannten Energievampir? Das sind Personen, die nur in Ihrem Leben sind, um Ihnen Energie auszusaugen. Im ersten Schritt ist es wichtig, dass Sie sich genau darüber klar werden, wer diese Menschen sind. Anschließend ist es Zeit, sich von ihnen zu verabschieden.

Nehmen Sie sich für die genannten Schritte die Zeit, die Sie benötigen. Es macht keinen Sinn, wenn Sie sich die Ziele zu kurzfristig setzen und sich damit überfordern. Kommen Ihnen einige Punkte spontan unpassend für Ihr Leben vor, schieben Sie diese vorerst zur Seite. Sie können sie zu einem späteren Zeitpunkt nachholen – oder sogar komplett ignorieren, wenn Ihnen danach ist.
Letztendlich soll es Ihnen Spaß machen, sich aufs Wesentliche zu konzentrieren und minimalistisch zu leben.

Ich wünsche Ihnen dabei viel Erfolg!
Herzlichst Ihre Apothekerin Dr. Angela Fetzner

Zur Autorin

Dr. Angela Raab geb. Fetzner, geboren in Bad Kissingen, ebenda auch aufgewachsen. Studium der Pharmazie in Würzburg, anschließend Approbation zur Apothekerin. Aufbaustudium der Pharmaziegeschichte in Marburg, Abschluss als Pharmaziehistorikerin. Dort auch Promotion zum Dr. rer. nat.

Seit 1996 bis dato Arbeit in öffentlichen Apotheken und Krankenhausapotheken in ganz Deutschland sowie der Schweiz. Daneben Seminartätigkeit im In- und Ausland.

Ein herzliches Dankeschön

an dieser Stelle an alle werten Leserinnen und Leser.
Wenn Ihnen mein Ratgeber gefallen hat und dieser für Sie nützlich ist, würde ich mich über eine kurze Rezension freuen.

Lob, Kritik oder Anregungen können Sie mir gerne auf meiner Facebook-Seite
https://www.facebook.com/AngelaFetzner

oder auf meiner Autorenhomepage mitteilen:
http://www.angela-fetzner.de

Bücher von Dr. Angela Fetzner

Finden Sie alle auf meiner Autorenhomepage: http://www.angela-fetzner.de

Hier können Sie sich auch für meinen Newsletter anmelden, um regelmäßig Informationen über neue Bücher, Preisaktionen, Verlosungen und Gesundheitstipps zu erhalten.

Außerdem finden Sie meine E-Books in allen führenden Online Shops und die Druckbücher im Versand- und Standardbuchhandel.

Qualität im Zeichen des Mörsers

Warum Qualität im Zeichen des Mörsers?

Warum Fachbuch, Sachbuch und Ratgeber in den Bereichen Medizin, Pharmazie und Gesundheit besser nicht von Laien geschrieben werden sollten? Nun, die Gründe liegen auf der Hand – gerade in diesem sensiblen Bereich ist eine genaue, fachlich kompetente Überprüfung der Inhalte erforderlich. Im Zuge der an sich positiven Öffnung des Buchmarkts ergeben sich leider aber auch Märkte für Betrüger, Scharlatane und selbst ernannte Experten. Deshalb sollte der Leser VOR dem Kauf eines Buches wissen, wer wirklich als Autor dahinter steht. Ein Großteil der Gesundheitsbücher wird von Laien geschrieben, welche über keinerlei medizinische oder pharmazeutische Ausbildung verfügen. Damit diese Tatsache dem Leser nicht auffällt, schreiben diese Autoren unter einem Pseudonym und legen großartige, gefälschte Autorenprofile an, in denen sie wahlweise Ärzte, andere Doktoren, Ernährungswissenschaftler, Ernährungsberater, Heilpraktiker, Coachs oder Psychologen sind.

Dazu kommen noch gefakte (käufliche) Fotos von jungen, dynamisch wirkenden Personen – welche diese Autoren aber natürlich gar nicht sind. Der Fantasie des Betrugs sind hier keinerlei Grenzen gesetzt.

Auf diese Weise wollen diese Fake-Autoren Kompetenz vortäuschen, welche sie in Wirklichkeit natürlich nicht besitzen. Liest man die „Bücher" dieser falschen Autoren durch, werden dort bestenfalls nutzlose Hinweise gegeben – ich habe aber auch schon „gute" Ratschläge gesehen, welche dem Leser das Leben kosten können... Das Problem ist hierbei, dass die Leser den scheinbaren Experten vertrauen und als Laien ja auch gar nicht merken, was in solchen „Büchern" vom Stapel gelassen wird. Hinzu kommt, dass viele der „Autoren" „Mehrfachidentitäten" besitzen, d. h. sie benutzen mehrere Pseudonyme, unter denen sie oftmals den gleichen Content veröffentlichen.

Der Anteil an höchst unprofessionellen, inhaltlich falschen, gefährlichen und wertlosen „Büchern" – die „Bücher" umfassen hierbei oft nur 10-60 Seiten – steigt exponentiell an, so dass sich der Leser erstmal den Weg durch all diese „Werke" bahnen muss.

Aus diesem Grund habe ich – um eine Schneise in den kaum zu durchdringenden Dschungel von qualitativ minderwertiger Laiensachliteratur zu schlagen - das Qualitätslogo im Zeichen des Mörsers entwerfen und schützen lassen, welches dem Leser geprüfte Qualität verspricht.

Qualität im Zeichen des Mörsers

Der Mörser gilt seit dem späten Mittelalter als das bekannteste mit der Apotheke verbundene Symbol und als das Apothekenwahrzeichen schlechthin. Bei Büchern im Zeichen des Mörsers können Sie darauf vertrauen, dass die Autorin als promovierte Apothekerin sowohl die entsprechende Fachkompetenz als auch die notwendige Praxiserfahrung besitzt. Alle Bücher entsprechen dem aktuellen Wissensstand der Medizin und Pharmazie.

Als Apothekerin der Praxis mit dem entsprechenden fachlichen Wissen ist es das Anliegen der Autorin, dem Leser komplizierte medizinische und pharmazeutische Sachverhalte verständlich nahe zu bringen.

Als unabhängige Autorin und Apothekerin fühlt sich die Verfasserin nur der Gesundheit und dem Wohl der Menschen verpflichtet.

Jeder Nachdruck, jede Wiedergabe, Vervielfältigung und Verbreitung, auch von Teilen des Werkes, jede Abschrift, auch auf fotomechanischem Wege oder im Magnettonverfahren, in Vortrag, Funk, Fernsehsendungen, Telefonübertragung, sowie Speicherung in Datenverarbeitungsanlagen bedarf der ausdrücklichen, schriftlichen Genehmigung der Autorin.

Leseprobe Aromatherapie

„Es gibt Düfte, frisch wie Kinderwangen
Süß wie Oboen, grün wie junges Laub
Verderbte Düfte, üppige, voll Prangen,
Wie Weihrauch, Ambra, die zu uns im Staub
Den Atemzug des Unbegrenzten bringen
Und unserer Seele höchste Wonnen singen."
Charles Baudelaire (1821-1867, französischer Dichter)

Prolog

Liebe Leserin, lieber Leser

Die heilende Kraft ätherischer Öle ist wohl eine der angenehmsten Möglichkeiten, viel für die seelische und körperliche Gesundheit zu tun. Denn die wohltuenden Düfte ätherischer Öle können unsere Stimmung beeinflussen und sich positiv auf Seele und Körper auswirken. Diese Tatsache macht sich die Aromatherapie zunutze, bei der ätherische Öle eingesetzt werden, um bestimmte Wirkungen zu erzielen.

Ätherische Öle tragen zum seelischen und körperlichen Wohlbefinden bei und können die unterschiedlichsten Beschwerden auf sanfte und natürliche Weise lindern. Die heilende Energie und gebündelte Lebenskraft der natürlichen Stoffe sorgt für Harmonie, Ausgeglichenheit und dauerhafte Gesundheit.

Ich möchte Sie dazu einladen, mich auf die Reise in die spannende Welt der ätherischen Öle zu begleiten.

Die Autorin berät und informiert als promovierte Apothekerin seit zwei Jahrzehnten zahlreiche Kunden. Als unabhängige Autorin und Apothekerin fühlt sich die Verfasserin dieses Buchs nur der Gesundheit und dem Wohl der Menschen verpflichtet.

Herzlichst Ihre Apothekerin Dr. Angela Fetzner

Ätherische Öle - Duftende Lebenskraft

Ätherische Öle enthalten die heilende Lebenskraft und – so sagt man - die duftende Seele der Pflanze.

Das Wort ätherisch leitet sich vom altgriechischen Wort aither ab. Aither ist entsprechend der griechischen Philosophie der Urstoff, aus dem die Materie entsteht. Gleichzeitig bedeutet aither „von der Eigenschaft des Ethers“ – was darauf hindeutet, dass es sich um etwas Flüchtiges, nicht Fassbares, handelt.

Weiter ist das Wort aither die Versinnbildlichung des Himmels oder auch der Himmelsduft – weshalb man von ätherischen Ölen auch von der duftenden Seele einer Pflanze spricht.

Was genau sind ätherische Öle?

Ätherische Öle werden von zahlreichen Pflanzen in speziellen Öldrüsen gebildet, die sich in sämtlichen Teilen der Pflanze befinden können: In den Blüten, den Blättern, der Fruchtschale, der Rinde, der Wurzel, in den Samen und im Harz. Ätherische Öle besitzen einen starken, ausgeprägten Geruch, der für die Herkunftspflanze charakteristisch ist. Ätherische Öle sind leicht flüchtige Stoffgemische, die im Gegensatz zu fetten Ölen schnell und ohne Rückstand verdampfen (bis auf etwaige Farbstoffe oder Harze). Meist handelt es sich um klare Flüssigkeiten, einige Öle wie Orangenöl oder Zitronengrasöl sind jedoch auch farbig. Ätherische Öle sind leicht löslich in organischen Lösungsmitteln (Alkohole, Ether, Ketone, Alkane), sowie in Fett, sie enthalten allerdings selbst kein Fett. In Wasser sind sie schwer löslich - da sie meist leichter sind als Wasser, schwimmen sie auf diesem.

Ätherische Öle bestehen aus einem komplexen Gemisch von Terpenen, Sesquiterpenen sowie aromatischen Verbindungen – das charakteristische Gemisch von vielen Stoffen wirkt synergistisch und macht die charakteristische Wirkung des jeweiligen ätherischen Öls aus.

Wie werden ätherische Öle gewonnen?

Um ätherische Öle nutzen zu können, ist es notwendig, nicht wirksame Pflanzenbestandteile wie Pflanzenfasern, Wasser und Eiweiß zu entfernen. Für die Gewinnung ätherischer Öle stehen verschiedene Möglichkeiten zur Verfügung.

Wasserdampfdestillation

Das gängigste Verfahren zur Gewinnung ätherischer Öle ist die Wasserdampfdestillation. Je nach Entwicklungsstand des produzierenden Landes kann die Destillation hierbei in tönernen Gefäßen erfolgen oder aber mittels modernster Apparaturen in fortschrittlichen Laboratorien. Die ursprüngliche Form der Gewinnung von ätherischen Ölen, das Destillieren in Erdkesseln mit direkter Befeuerung, ist auch heute noch in vielen Ländern der Erde verbreitet.

Rinden, Hölzer und Wurzeln müssen vor der Destillation zerkleinert werden, um die Ölzellen aus dem Pflanzenmaterial freizulegen. Weiche Blätter und Blüten bedürfen dagegen kaum einer Vorbereitung. Die Pflanzenteile werden alsdann in ein geschlossenes Gefäß gefüllt, durch das Wasserdampf geleitet wird. Das ätherische Öl löst sich nicht in Wasser, wird jedoch vom Wasserdampf mitgerissen.

Das Abkühlen des Gemischs aus Dampf und ätherischem Öl erfolgt mittels des sogenannten Liebig-Kühlers, eines Laborkühlers, der Dämpfe zum Kondensieren bringt. Durch die Abkühlung trennen sich die beiden Phasen – das ätherische Öl und die Wasserphase – voneinander.

Das ätherische Öl ist in der Regel leichter als Wasser und kann problemlos abgehoben werden. Ausnahmen hiervon stellen bspw. Zimt- und Nelkenöl dar – diese ätherischen Öle sind schwerer als Wasser und sinken deshalb zu Boden. Bei der Wasserdampfdestillation werden Mengen an ätherischen Ölen gewonnen, die auf Gehalte des Öls von ca. 1 bis 8 % im Ausgangsmaterial schließen lassen. Vorteil der Wasserdampfdestillation ist, dass diese auch bei Pflanzen, die nur sehr geringe Mengen ätherischer Öle enthalten, angewendet werden kann, da die Ausbeute entsprechend hoch ist. Die Güte des gewonnenen ätherischen Öls hängt allerdings stark von der Sorgfalt bei der Destillation sowie der Konstruktion der Apparatur ab. Öle einiger Pflanzenarten, wie Jasmin, Tuberose oder Mimose, können jedoch nicht durch Wasserdampfdestillation gewonnen werden.

Kaltpressung

Die Expression, also die mechanische Kaltpressung, wird ausschließlich zur Gewinnung hitzeempfindlicher Zitrusöle (Orange, Zitrone, Grapefruit) angewandt. Bei diesem schonenden Verfahren werden zunächst die Schalen in großen Trommeln von der Frucht separiert. Die Zugabe von Wasser bewirkt, dass das ätherische Öl sowie auch andere Teile von der Schale abgewaschen werden. Durch anschließende Zentrifugation wird das ätherische Öl vom restlichen Gemisch getrennt. Farbstoffe und auf der Fruchtschale befindliche Wachse verbleiben im ätherischen Öl, was jedoch keine Qualitätsminderung bedeutet. Da Insektizide (Insektenvernichtungsmittel) und Herbizide (Unkrautvernichtungsmittel) fettlöslich sind, können diese je nach Art der Behandlung in das ätherische Öl gelangen. Aus diesem Grund – da die Fruchtschale auch besonders mit Insektiziden und Herbiziden belastet ist – empfiehlt es sich, nur Zitrusöle zu kaufen, die aus kontrolliert biologischem Anbau stammen.

Da bei Zitrusfrüchten die Schalen weder durch Hitze noch durch Druck behandelt werden, entspricht das gewonnene ätherische Öl in der Zusammensetzung dem ursprünglich in der Pflanze enthaltenen Öl.

Extraktion mittels Lösungsmitteln

Bei einigen Pflanzen, z. B. bei Jasmin, Hyazinthe, Mimose, Magnolie, Narzisse, Rose, Tuberose oder Veilchen, ist eine Wasserdampfdestillation nicht durchführbar, weil die Menge des erzeugten Öls zu gering wäre oder weil das ätherische Öl hitzeempfindlich ist – in diesem Fall würde das ätherische Öl zerstört oder seine Struktur verändert werden. Als Folge ginge der natürliche Duft der Pflanze verloren und v. a. wäre das so gewonnene ätherische Öl wirkungslos.

Hier bietet sich die Extraktion an, das Herauslösen des ätherischen Öls mit Hilfe eines nicht-polaren Lösungsmittels (Ethanol, Hexan, Toluol, Petrolether usw.).

Zur Durchführung der Extraktion werden tankähnliche Behälter mit Blütenmaterial befüllt. Das Lösungsmittel wird zu den Blüten eingeleitet, währenddessen die Blüten rotiert werden. Auf diese Weise kann sich das ätherische Öl aus den Blüten lösen, neben dem ätherischen Öl werden jedoch auch Wachse und Farbstoffe aus der Blüte gelöst.

Nach anschließender Verdampfung des Lösungsmittels bleibt das sogenannte Concrète zurück – eine farbige Paste, die neben ätherischem Öl auch Wachse und Farbstoffe enthält.

Das Concrète wird mit Alkohol auf 50 °C erwärmt – die Wachse sind in Alkohol nicht löslich – anschließend wird abgekühlt, wobei sich die Wachse abscheiden. Der Alkohol wird in mehreren Destillationsprozessen (unter Vakuum) verdampft, Endprodukt ist das erwünschte und begehrte Absolues. Als Lösungsmittel für die Extraktion ist vorzugsweise Alkohol (Ethanol) zu verwenden, weil Ethanol biologisch vollkommen unbedenklich ist. Mittels Alkoholextraktion gewonnene Absolues sind teurer, – das Extraktionsmittel Ethanol ist wesentlich teurer als bspw. Hexan – diese können jedoch auch zum innerlichen Gebrauch verwendet werden (die innerliche Einnahme ätherischer Öle sollte jedoch nur auf Rat eines erfahrenen Aromatherapeuten erfolgen). Etwaige Rückstände von Hexan sind dagegen gesundheitlich bedenklich, weshalb seriöse Firmen auch auf strenge Rückstandskontrollen achten. In jüngster Zeit werden ätherische Öle auch mittels überkritischen Kohlendioxids als Lösungsmittel aus der Pflanze extrahiert. Dieses moderne Verfahren liefert ätherische Öle der allerbesten Qualität. Hierzu setzt man das Pflanzenmaterial mit Kohlendioxid in einem geschlossenen System unter Druck, das unter Druck flüssige Kohlendioxid löst schon bei sehr niedriger Temperatur (bei maximal 40 °C) das ätherische Öl aus dem Pflanzenmaterial heraus.

Nach Reduzierung des Drucks verflüchtigt sich das nun gasförmige Kohlendioxid rückstandslos, während nur das ätherische Öl im System verbleibt. Die Extraktion mit Kohlendioxid erfolgt im Gegensatz zur Wasserdampfdestillation bei niedrigen Temperaturen – das schonende Verfahren gewährleistet also, dass das ätherische Öl in seiner ursprünglichen Form erhalten bleibt. Weiter wird das Kohlendioxid nach der Extraktion des ätherischen Öls rückstandslos entfernt – während die Extraktion insbesondere mit toxischen organischen Lösungsmitteln durch nicht vollständig verdampfte Rückstände nicht unbedenklich ist.

Resinoide sind Extrakte aus Harzen (den Resinen), die reich an ätherischen Ölen sind. Sie werden durch Extraktion mit Lösungsmitteln (z. B. Hexan) und anschließendes Abdampfen des Lösungsmittels gewonnen. Resinoide sind dickflüssige, halbfeste oder feste Substanzen mit kräftigem Geruch. Sie besitzen eine bessere Löslichkeit als die entsprechenden Harze. Die Resinoidherstellung wird meist bei Benzharzen (Benzoe, Guajak, Perubalsam) und bei Gummiharzen (z. B. Myrrhe) angewandt.

Enfleurage

Bei der Enfleurage werden Blüten v. a. von Jasmin oder Tuberose immer wieder auf dünn mit Fett (meistens Schweineschmalz) bestrichene Glasplatten gelegt und danach etwa 12 Stunden kühl und dunkel gelagert. Diese Prozedur wird etliche Male wiederholt, dabei lösen sich die fettlöslichen Duftstoffe aus den Blüten und sättigen das Fett nach und nach. Bei einem abgewandelten Verfahren werden Glasplatten auf der Unterseite mit Fett bestrichen und auf die Blüten gelegt. Die Enfleurage ist ein sehr schonendes Verfahren zur Gewinnung ätherischer Öle, zudem werden auf diese Weise qualitativ sehr hochwertige ätherische Öle gewonnen. Ein per Enfleurage gewonnenes Jasminöl besitzt bspw. einen weitaus feineren Geruch als ein durch Lösungsmittelextraktion gewonnenes Jasminöl.

Da die Enfleurage jedoch durch sehr aufwendige Herstellungsprozesse sehr kostenintensiv und daher kaum wettbewerbsfähig ist, wird sie kaum noch angewandt.

Eine makabre Ausführung der Enfleurage mag dem einen oder anderen aus Patrick Süskinds Roman „Das Parfum" bekannt sein. In dem Roman fabriziert der Protagonist Grenouille sein „Überparfüm" durch die Enfleurage von 25 Jungfrauen, die er zuvor erdrosselt hat - deren Duft der Jugend und Schönheit vermag er alsdann in einer eigenen Parfümkreation zu konservieren.

Hinweis

Bezüglich der im Folgenden gemachten Ausführungen darf der Leser darauf vertrauen, dass die Autorin große Sorgfalt darauf verwendet hat, dass die Angaben in diesem Buch dem neuesten Stand der Wissenschaft entsprechen. Nichtsdestotrotz kann die Autorin für die gemachten Angaben keinerlei Verantwortung und Gewähr übernehmen. Die Durchführung der in diesem Buch beschriebenen Anwendungen erfolgt auf eigene Gefahr und auf eigene Verantwortung des Benutzers. Die Autorin übernimmt keine Haftung für Personen-, Sach- und Vermögensschäden aufgrund der Durchführung der hier erwähnten Anwendungen. Auch betreffend der in diesem Buch angegebenen Dosierungen und Mengenangaben darf der Leser darauf vertrauen, dass die Autorin große Sorgfalt darauf verwendet hat, dass diese Angaben dem neuesten Stand der Wissenschaft entsprechen.

Nichtsdestotrotz kann die Autorin für Angaben zu Dosierungsanweisungen keine Gewähr übernehmen. Jede Dosierung erfolgt auf eigene Gefahr des Benutzers. Auch betreffend die genannten Arzneimittel darf der Leser darauf vertrauen, dass die Autorin große Sorgfalt darauf verwendet hat und die diesbezüglichen Angaben dem neuesten Stand der Wissenschaft entsprechen.

Die Autorin hat im Übrigen keine Beziehung zu den Herstellern der genannten Arzneimittel und erzielt keinerlei finanziellen Vorteil aufgrund der Erwähnung bestimmter Arzneimittel.

Die innerliche Anwendung reiner ätherischer Öle ist ohne Verordnung durch einen erfahrenen Aromatherapeuten abzulehnen – ätherische Öle sollten also niemals auf eigene Faust innerlich eingenommen werden. Wer trotzdem ätherische Öle innerlich anwendet, tut dies auf eigene Gefahr. Die Autorin übernimmt keinerlei Haftung.

Ich hoffe, Ihnen mit diesem notwendigen Gefahrenhinweis nicht den Spaß und die Freude an diesem Buch verdorben zu haben. Aber noch immer – oder auch gerade noch immer - gilt Paracelsus' berühmter Spruch: *„Alle Dinge sind Gift, und nichts ist ohne Gift; allein die Dosis macht, dass ein Ding ein Gift ist."*

In welchen Pflanzenteilen sind ätherische Öle vorhanden?

Ätherische Öle können in allen Pflanzenteilen vorhanden sein. Manche Pflanzen besitzen auch in verschiedenen Pflanzenteilen ätherische Öle, die sich in ihrer chemischen Zusammensetzung stark unterscheiden können, z. B. Zimtrinden- und Zimtblätteröl. Anhand der folgenden Übersicht können Sie erkennen, aus welchen Pflanzenteilen die jeweiligen ätherischen Öle gewonnen werden.

Blüten: Basilikum, Kamille, Jasmin, Lavendel, Magnolie, Neroli, Orangenblüten, Rose, Schafgarbe, Ylang-Ylang

Blätter: Cajeput, Cistrose, Citronella, Eukalyptus, Geranie, Lemongras, Lorbeer, Melisse, Minze, Myrte, Pfefferminze, Rhododendron, Rosmarin, Salbei, Zimt

Fruchtschale: Bergamotte, Grapefruit, Limette, Mandarine, Orange, Zitrone

Holz: Kampfer, Sandelholz, Zedernholz, Zypresse

Wurzel: Angelika, Baldrian, Ingwer, Iris, Narde, Vetiver

Rinde: Zimt

Nadeln: Fichte, Lärche, Latschenkiefer, Tanne

Harz: Benzoe, Galbanum, Myrrhe, Stryrax, Tolubalsam, Weihrauch

Welchen Zweck erfüllen ätherische Öle in Pflanzen?

Jede Pflanze hat einen unverwechselbaren, charakteristischen Duft. Pflanzendüfte bestimmen im Wesentlichen die Pflanzenpersönlichkeit, sie sind unverwechselbares Charakteristikum und Merkmal der jeweiligen Pflanze. Von daher werden ätherische Öle auch häufig als die Seele der Pflanze bezeichnet.

Aber welchen Nutzen haben ätherische Öle überhaupt für Pflanzen? Man kann wohl kaum annehmen, dass ätherische Öle lediglich in Pflanzen gebildet werden, um uns Menschen zu erfreuen und unserer Gesundheit zu dienen.

Im Folgenden ist daher aufgelistet, welche Vorteile die Produktion von ätherischen Ölen den jeweiligen Pflanzen bietet.

- Abwehr von Insekten.
- Anlocken von Insekten, die der Bestäubung dienen sollen.
- Anlocken von Insekten, die Pflanzenschädlinge vertilgen sollen (z. B. verzehren Wespen Blattläuse auf bestimmten Pflanzen).
- Zur Kommunikation mit anderen Pflanzen, um diese bspw. vor Fraßfeinden zu warnen.
- Abwehr von anderen Pflanzen – durch diese Möglichkeit sichert sich die Pflanze ihren Lebensraum und zur Verfügung stehende Ressourcen wie Wasser und Nährstoffe.
- Zum Anlocken von Insekten, um diese zu verspeisen (fleischfressende Pflanzen).
- Keimtötende Wirkung bestimmter ätherischer Öle, auf diese Weise werden Krankheiten verursachende Mikroorganismen abgetötet.
- In heißen und trockenen Gegenden legen manche Pflanzen einen Schutzfilm aus ätherischen Ölen auf ihre Blätter und Nadeln, um diese vor Wasserverdunstung und vor UV-Strahlung zu schützen.

Worauf muss ich beim Kauf von ätherischen Ölen achten?

Ätherische Öle sind in den unterschiedlichsten Qualitäten im Handel erhältlich. Man unterscheidet generell zwischen 100 % naturreinen ätherischen Ölen, natürlichen ätherischen Ölen, naturidentischen Ölen und künstlichen Ölen. Ein hochwertiges ätherisches Öl zu erkennen, ist für den Laien nicht einfach, da die Bezeichnung ätherisches Öl nicht geschützt ist. Selbst rein synthetisch hergestellte Öle dürfen die Bezeichnung ätherisches Öl tragen. Die folgende Übersicht soll Ihnen deshalb dazu dienen, beim Kauf von ätherischen Ölen deren Qualität einschätzen zu können.

Ende der Leserprobe

Stimmen zum Buch:

Siehe hierzueinen Beitrag über dieses Buch in der Huffingtonpost: **http://www.huffingtonpost.de/angela-raab/minimalismus-loslassen-lohnen_b_11157170.html**

Schöner leben durch ein bewussteres Leben, 10. Februar 2016 - Von Leseperlen

Minimalismus bedeutet nicht, in erster Linie Geld zu sparen. Es heißt, sich bewusst zu überlegen, was man wirklich braucht, an was man Freude hat und was man wertschätzt: Richtiges Einkaufen (statt blinder Konsum), produktiver arbeiten und auch im Zeitalter des Smartphones nicht ständig erreichbar sein, im Inneren aufräumen - und nicht alles sammeln, bis die Wohnung/das Haus aus allen Nähten platzt. Wenn man sich auf das Experiment Minimalismus einlässt, lernt man schnell, dass Erinnerungen, die einem tatsächlich wichtig sind, im Gedächtnis gespeichert sind und man deshalb nicht zwingend über die Jahre den Gegenstand aufheben muss, der mit einer Erinnerung verknüpft ist. Ein übervoller Keller oder Dachboden und bis oben hin vollgestopfte Schubladen lassen sich mit dieser Erkenntnis leichter entrümpeln, insbesondere mit der im Buch beschriebenen 3-Stapel-Methode. Schritt für Schritt wird der Weg durch die einzelnen Räume beschrieben, die aufzuräumen sind, hin zu einem minimalistisch geführten Haushalt, bei dem mehr Zeit für die wirklich bedeutsamen Momente im Leben bleibt.

... Und damit keine Missverständnisse aufkommen: Niemand sagt hier, dass ein kleiner Koffer reichen muss für die Habseligkeiten, das ist sicher gleich wieder ein anderes Extrem.

Aber nach der Lektüre dieses hervorragenden Ratgebers weiß man auf jeden Fall eines: Weniger ist oft mehr.
Sehr empfehlenswert!

Minimalismus bedeutet nicht, in erster Linie Geld zu sparen. Es heißt, sich bewusst zu überlegen, was man wirklich braucht, an was man Freude hat und was man wertschätzt: Richtiges Einkaufen (statt blinder Konsum), produktiver arbeiten und auch im Zeitalter des Smartphones nicht ständig erreichbar sein, im Inneren aufräumen - und nicht alles sammeln, bis die Wohnung/das Haus aus allen Nähten platzt. Wenn man sich auf das Experiment Minimalismus einlässt, lernt man schnell, dass Erinnerungen, die einem tatsächlich wichtig sind, im Gedächtnis gespeichert sind und man deshalb nicht zwingend über die Jahre den Gegenstand aufheben muss, der mit einer Erinnerung verknüpft ist. Ein übervoller Keller oder Dachboden und bis oben hin vollgestopfte Schubladen lassen sich mit dieser Erkenntnis leichter entrümpeln, insbesondere mit der im Buch beschriebenen 3-Stapel-Methode. Schritt für Schritt wird der Weg durch die einzelnen Räume beschrieben, die aufzuräumen sind, hin zu einem minimalistisch geführten Haushalt, bei dem mehr Zeit für die wirklich bedeutsamen Momente im Leben bleibt.

... Und damit keine Missverständnisse aufkommen: Niemand sagt hier, dass ein kleiner Koffer reichen muss für die Habseligkeiten, das ist sicher gleich wieder ein anderes Extrem. Aber nach der Lektüre dieses hervorragenden Ratgebers weiß man auf jeden Fall eines: Weniger ist oft mehr.
Sehr empfehlenswert!

Qualität & Kompetenz
im Zeichen des Mörsers
von Ihrer Apothekerin

Dr. Angela Fetzner

30710530R00053

Printed in Great Britain
by Amazon